Miguel Fonseca

Cloud Computing und Server-based Computing

Chancen und Risiken von serverbasierten IT-Infrastrukturen

Bibliografische Information der Deutschen Nationalbibliothek:

Die Deutsche Nationalbibliothek verzeichnet diese Publikation in der Deutschen Nationalbibliografie; detaillierte bibliografische Daten sind im Internet über http://dnb.d-nb.de abrufbar.

Impressum:

Copyright © Science Factory 2020

Ein Imprint der GRIN Publishing GmbH, München

Druck und Bindung: Books on Demand GmbH, Norderstedt, Germany

Covergestaltung: GRIN Publishing GmbH

Inhaltsverzeichnis

Abbildungsverzeichnis V

Tabellenverzeichnis VI

Abkürzungsverzeichnis VII

1 Einleitung 1

    1.1 Problemstellung der Arbeit 1

    1.2 Aufbau und Zielsetzung der Arbeit 2

    1.3 Methodik 4

2 Begriffsdefinitionen 6

    2.1 Cloud Computing 6

    2.2 Server based Computing 7

    2.3 Informationssicherheit 7

    2.4 Datenschutz 11

3 Cloud Computing 16

    3.1 Technologiekonzept und Herkunft des Cloud Computing 16

    3.2 Eigenschaften des Cloud Computing 19

    3.3 Varianten des Cloud Computing 21

    3.4 Servicemodelle und Ebenen des Cloud Computing 25

4 Server based Computing 30

    4.1 Client-Server-System 30

    4.2 Charakteristika des Server based Computings 39

    4.3 On-Premises 43

5 Rechtliche Analyse der Systemmodelle 44

    5.1 Rechtliche Analyse aus Sicht der Informationssicherheit 44

    5.2 Rechtliche Analyse des Datenschutzes im Kontext der beiden Systemmodelle 59

5.3 Chancen und Risiken der beiden Systemmodelle im Kontext der
Informationssicherheit und des Datenschutzes 66

6 Evaluierung der Ergebnisse 76

6.1 Analyse der KPMG-Studie 77

6.2 Auswertung der Chancen und Risiken des Cloud Computings im Kontext der
KPMG-Studie 83

6.3 Zusammenfassung der Erkenntnisse im Kontext des SbC 92

7 Schlussbetrachtung 95

7.1 Fazit 95

7.2 Kritische Reflektion der Arbeit 98

7.3 Ausblick 99

Literaturverzeichnis 101

Internetquellenverzeichnis 107

Abbildungsverzeichnis

Abbildung 1: schematischer Aufbau der Thesis 3

Abbildung 2: IT-Schutzziele nach BSI 8

Abbildung 3: Datenschutzgrundsätze 13

Abbildung 4: Eigenschaften des Cloud Computing 19

Abbildung 5: Übersicht der Varianten von Cloud Computing 22

Abbildung 6: Verteilung der Service-Modelle im Kontext der Varianten des Cloud Computings 26

Abbildung 7: Gegenüberstellung und Aufgabenverteilung der Client Systeme 32

Abbildung 8: Grundkonstrukt Server based Computing 40

Abbildung 9: Übersicht KonTraG 45

Abbildung 10: Zusammenhang zwischen DSGVO und Systemmodelle 60

Abbildung 11: Prozentuelle Verteilung der Unternehmensgröße 77

Abbildung 12: Entwicklung der Nutzer/Planer des Cloud Computings seit 2014 78

Abbildung 13: Ausfälle im Cloud Computing prozentual nach Grund 81

Abbildung 14: Hürden zur Nutzung des Cloud Computing gemäß KPMG-Studie 86

Abbildung 15: Entwicklung der Speicherung von Daten in der Cloud 89

Tabellenverzeichnis

Tabelle 1: Sub-Kategorien der Private Cloud 23

Tabelle 2: Vergleich der Chancen und Risiken im Cloud Computing 83

Tabelle 3: Vergleich der Chancen und Risiken im Server based Computing 92

Abkürzungsverzeichnis

Abs.	Absatz
Art.	Artikel
BGB	Bürgerliches Gesetzbuch
BSI	Bundesamt für Sicherheit in der Informationstechnologie
BSIG	Gesetz über das Bundesamt für Sicherheit in der Informationstechnik
bspw.	beispielsweise
bzw.	beziehungsweise
CSP	Cloud Service Provider
ebd.	ebenda
ENISA	European Network and Information Security Agency
etc.	et cetera
EU	Europäische Union
EU-DSGVO	Europäische Datenschutz-Grundverordnung
gem.	gemäß
ggf.	gegebenenfalls
GoB	Grundsätze ordnungsgemäßer Buchführung
grds.	grundsätzlich
IaaS	Infrastructure as a Service
i. d. R.	in der Regel
inkl.	inklusive
insb.	insbesondere
ISM	Informationssicherheitsmanagement
ISMS	Informationssicherheitsmanagementsystem
IT	Informationstechnologie
IT-SiG	IT-Sicherheitsgesetz

KonTraG	Gesetz zur Kontrolle und Transparenz im Unternehmensbereich
NIST	National Institute of Standards and Technology
PaaS	Platform as a Service
SaaS	Software as a Service
SbC	Server based Computing
SLA	Service-Level-Agreement
TOM	technische und organisatorische Maßnahmen
u. a.	unter anderem
u. U.	unter Umständen
z. B.	zum Beispiel
z. T.	zum Teil

1 Einleitung

Die Informationstechnologie (IT) ist heutzutage omnipräsent. In nahezu allen Lebensbereichen ist die Abwesenheit der IT undenkbar und hat einen entsprechend hohen Einfluss auf den Alltag der Menschen. Seit vielen Jahren findet eine stetige Weiterentwicklung der IT statt, wodurch ein großer Wandel in dem Bereich festzustellen ist. Viele Unternehmen haben diesen Wandel verstanden und digitalisieren kontinuierlich die betrieblichen Aktivitäten. Diese stetige Digitalisierung fordert immer höhere Ressourcen, Speicherkapazitäten und eine steigende Rechenleistung der IT.

Eine Möglichkeit zur Erfüllung dieser Anforderungen kann das Cloud Computing sein. Das Cloud Computing bietet augenscheinlich unbegrenzte Möglichkeiten IT-Ressourcen zu beziehen, welche sich der Nutzer kurzfristig „ausleihen" und nach Gebrauch wieder abgeben kann. Diese Flexibilität in der Ausgestaltung der IT-Infrastruktur lässt das Cloud Computing entsprechend attraktiv wirken.[1] Zusätzlich werden Unternehmen von Cloud-Service-Providern (CSP) Möglichkeiten zur Senkung der IT-Kosten durch Auslagerung der IT-Ressourcen in die Cloud suggeriert. Mit diesen Eigenschaften etabliert sich das Cloud Computing in immer mehr Unternehmen und verdrängt dabei die klassische IT.[2] Die Zahlen der Unternehmen die Cloud nutzen ist stetig steigend. Waren es im Jahre 2014 noch 44 % der Unternehmen, sind es im Jahre 2018 73 %.[3] Dies zeigt, dass der Bedarf an sicheren und vertrauenswürdigen Clouds steigt.

1.1 Problemstellung der Arbeit

Neben den suggerierten Vorteilen, gibt es einige Risiken, welche bei einer Auslagerung der IT auftreten können. Am 29.01.2019 gab es einen großflächigen Ausfall bei Microsofts Cloud „Microsoft Azure", wodurch die Systeme nicht mehr zu erreichen waren. Dabei ist es, laut Aussage von Microsoft, bei einer Routinewartung zu Netzwerkproblemen gekommen, wodurch viele der Azure-Dienste nicht verfügbar waren. Zusätzlich gab es Probleme bei einem DNS-Provider von Microsoft, welcher ein Update einspielen wollte. Dadurch kam es zu einer Datenbeschädigung, welche sich auf den Netzwerkverkehr auswirkte, wodurch die weite-

---

[1] Vgl. Reinheimer, S. (2018), S. 4.
[2] Vgl. Franke, M. R. (2017), S. 1.
[3] Vgl. KPMG (2019), S. 7.

ren Azure-Dienste ebenfalls nicht verfügbar waren.[4] Dadurch waren einige Unternehmen in ihren Tätigkeiten eingeschränkt, was finanzielle Schäden aufgrund des Stillstands als Folge hatte. Daher darf ein Unternehmen nicht nur die technischen und finanziellen Vorteile beim Cloud Computing in Betracht ziehen, sondern muss auch die Risiken in der Informationssicherheit und in der Compliance, zu welcher der Datenschutz gehört, betrachten.[5]

Solche Bedenken, wie der Ausfall einer Cloud sowie weitere Sicherheitsbedenken haben viele Unternehmen bei der Einführung bzw. Nicht-Einführung von Cloud Computing. Viele Unternehmen haben Angst, dass durch unberechtigten Zugriff Daten abgegriffen werden. Vor allem die Sorge um sensible Unternehmensdaten sowie der daraus resultierende Know-how-Verlust sind wesentliche Hemmnisse. In diesem Kontext entstand die Idee dieser Thesis: Aufgrund der immer weiter steigenden Nutzerzahlen und Beliebtheit des Cloud Computings und dem zuvor genannten Ausfall einer großen Cloud war es interessant, Alternativen zu prüfen. Dabei fiel die Entscheidung auf den Gegenpol des IT-Outsourcings, in diesem Falle wurde daher das Server based Computing als Insourcing-Modell gewählt.

In Anbetracht der Sorgen der Unternehmen gegenüber des Cloud Computings war es interessant, eine Analyse unter Berücksichtigung der Informationssicherheit und auch des Datenschutzes beider Systemmodelle durchzuführen. Insbesondere der Datenschutz, der im Mai 2018 durch das Ende der zweijährigen Übergangsfrist der Einführung der EU-Datenschutzgrundverordnung DSGVO eine große Novellierung in der Gesetzgebung erhalten hat, hat einen großen Fokus.

1.2 Aufbau und Zielsetzung der Arbeit

Ziel dieser Arbeit ist es, durch Analyse der Merkmale der Systemmodelle, der rechtlichen Evaluierung sowie der Ergebnisse der Studie herauszufinden, ob eines der beiden Systemmodelle das, unter Berücksichtigung der Informationssicherheit und des Datenschutzes, sicherere und zuverlässigste ist.

---

[4] Vgl. Heise Medien GmbH & Co. KG - Microsoft nennt Gründe für Cloud-Ausfälle, aufgerufen am 29.07.2019, 18:54 Uhr.
[5] Vgl. Adelmeyer, M.; Petrick, C.; Teuteberg, F. (2018). S. 1.

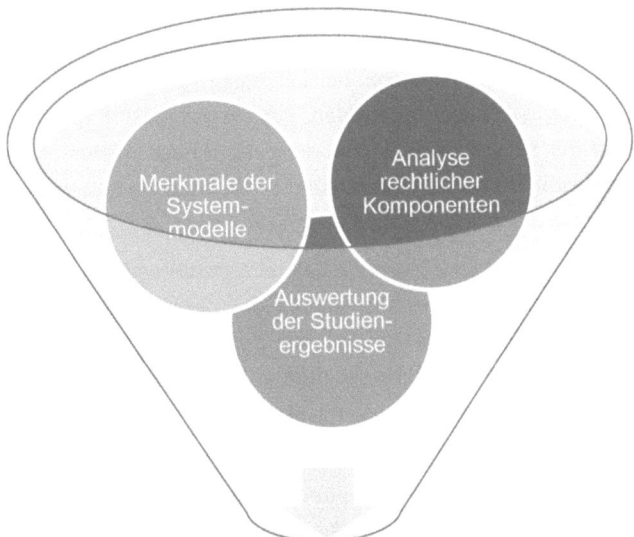

Abbildung 1: schematischer Aufbau der Thesis[6]

Das grobe Schema lässt sich der Abbildung 1 entnehmen. Für die Ermittlung des Ziels der Arbeit, wird zunächst im zweiten Kapitel eine allgemeine Begriffsdefinition der wesentlichen Begriffe der Thesis durchgeführt.

Das dritte Kapitel beinhaltet die Analyse des Cloud Computings. Das Kapitel wurde in die Bereiche Technologiekonzept, Eigenschaften und Charakteristika, die verschiedenen Varianten des Cloud Computings sowie in die unterschiedlichen Servicemodelle aufgeteilt. Diese Eigenschaften bilden die Grundlage, mit welcher in den Folgekapiteln weiter gearbeitet wird.

Das vierte Kapitel ist die Analyse des Server based Computings (SbC). Dieses Kapitel beginnt mit der Grundlage des SbC, dem Client-Server-System, dessen Eigenschaften aufgeführt werden. Anschließend werden die individuellen Charakteristika des SbC erfasst sowie das Software-Lizenzmodell, das dem SbC zugrunde liegt.

---

[6] Eigene Darstellung

Im fünften Kapitel findet anhand einer Literatur- und einer Gesetzesanalyse die rechtliche Prüfung der beiden Systemmodelle statt. Es wird mit einer Analyse der Informationssicherheit begonnen, bei der beide Systemmodelle separat mittels sog. Mindeststandards geprüft werden. Danach erfolgt in Kapitel 5.2 die rechtliche Analyse der Systemmodelle im Kontext des Datenschutzes. Nach der Analyse findet eine Evaluierung der Chancen und Risiken beider Systemmodelle im Kontext der thematischen Schwerpunkte der Thesis statt.

Die Prüfung der im zuvor genannten Kapitel ermittelten Ergebnisse in der Praxis folgt in Kapitel sechs. Dieses beginnt mit der Zusammenfassung der für diese Thesis relevanten Ergebnisse im Rahmen der Studie der KPMG. Anschließend werden die Chancen und Risiken des fünften Kapitels mit der Studie abgeglichen. Dies erfolgt für jedes Systemmodell einzeln.

Das letzte Kapitel dieser Thesis stellt ein Resümee der Ergebnisse dar. Es beginnt mit einem Fazit der im sechsten Kapitel evaluierten Ergebnisse, danach wird die Thesis im Rahmen einer kritischen Eigenreflektion bewertet und final erfolgt ein Ausblick auf die Thematik sowie mögliche Entwicklungen in dieser Thematik.

1.3 Methodik

Für die Masterthesis wurden Fachliteratur und Internetquellen verwendet, um die Systemmodelle zu beschreiben und zu analysieren. Die rechtliche Analyse fand unter Einbeziehung gesetzlicher Vorgaben statt. Dafür wurden in der Betrachtung der Informationssicherheit die Standards des Bundesamts für Sicherheit in der Informationstechnologie (BSI) verwendet. Die BSI-Standards sind geclusterte gesetzliche Vorgaben, die u.a. die ISO 2700X-Reihe, die IT-Grundschutzkataloge und weitere Vorgaben berücksichtigt. Hierbei ist zu beachten, dass es sich um Mindeststandards handelt. Dass bedeutet, dass diese Standards eingehalten werden müssen. Das jeweilige Unternehmen darf jedoch mehr Maßnahmen treffen, als dafür vorgesehen wird. Das BSI wurde verwendet, da es sich um eine öffentliche Institution handelt, die dem Bundesministerium des Innern, für Bau und Heimat zugeordnet ist. Daher stellt sie eine neutrale und unabhängige Anlaufstelle dar, welche gut geeignet ist, solche Empfehlungen und Mindeststandards auszugeben.

Für den Datenschutz wurde die DSGVO analysiert, die seit dem Mai 2018 für alle Unternehmen verpflichtend gilt. Diese gesetzliche Verordnung ist die aktuellste im Bereich des Datenschutzes und ist für die EU geltendes Recht.

Um eine objektive Bewertungsmöglichkeit in dieser Thesis zu erhalten, wurde die Studie der KPMG AG Wirtschaftsprüfungsgesellschaft, welche durch die Bitkom Research GmbH durchgeführt wurde, zugrunde gelegt. Mit der Studie werden die aus der Fachliteratur und den Gesetzen abgeleiteten Chancen und Risiken verglichen und eine Relevanz der festgestellten Punkte geprüft. Die Studie dient hierbei als objektives Messkriterium.

Aus den gewonnen Erkenntnissen wird ein Fazit und eine Bewertung des Themas durchgeführt sowie ein möglicher Ausblick.

2 Begriffsdefinitionen

In diesem Kapitel werden einige, für diese Arbeit wesentliche, Begriffe definiert. Die Definition ist dabei jedoch recht allgemein gehalten, da sie lediglich der Orientierung und ersten Einschätzung der Thematik dient. In den Folgekapiteln werden diese Begriffe detaillierter aufgearbeitet und für das jeweilige Schwerpunktthema des Kapitels genauer beschrieben.

2.1 Cloud Computing

Der Begriff „Cloud Computing" ist weltweit nicht einheitlich definiert und stellt einige Autoren vor Problemen, weshalb sie oftmals jeweils eigene Definitionen des Begriffs verwenden oder ausschließlich die Charakteristika von Cloud Computing aufgeführt werden.[7] Für diese Arbeit eignen sich insb. zwei Definitionen. Die erste stammt vom National Institute of Standards and Technology (NIST), dem Institut für Standardisierung der USA, da diese gemäß Bedner die am weitesten reichende und am detailliertesten ist. Zudem ist sie, verglichen mit Definitionen privatwirtschaftlicher Unternehmen, am objektivsten.[8] Demnach sei Cloud Computing ein Ansatz, alle On-Demand Services wie bspw. Netze, Server, Speichersysteme, Anwendungen und Dienste, über ein Netz bei Bedarf sofort und überall verfügbar zu machen. Diese Services sollen dabei schnell, mit geringem Management-Aufwand und niedriger Interaktionsrate seitens des Providers zur Verfügung gestellt werden. Diese Definition wird auch von ENISA, der European Network and Information Security Agency, genutzt.[9] Das NIST hat dem Cloud Computing wesentliche Eigenschaften, drei verschiedene Service-Modelle und vier Technologieformen zugeordnet.[10] Die Anzahl der Eigenschaften variieren in der Literatur, daher werden in dieser Arbeit acht wesentliche Charakteristika bearbeitet. Auf diese Charakteristika wird im dritten Kapitel eingegangen.

Eine weitere Definition stammt vom BSI: Das BSI definiert Cloud Computing als ein Modell, das dynamisch an den Bedarf des Kunden Rechner-Ressourcen von IT-Dienstleistungen und Infrastruktur über ein Netz zur Verfügung stellt, was über definierte (technische) Schnittstellen und Protokolle erfolgt. Die IT-

---

[7] Vgl. Kroschwald, S. (2016), S. 7.
[8] Vgl. Bedner, M. (2013), S. 24.
[9] Vgl. Kroschwald, S. (2016), S. 7.
[10] Vgl. Blokland, K.; Mengerink, J.; Pol, M.; Rubruck, D. (2016), S. 6.

Dienstleistungen sind alle in der IT denkbaren Services und Dienstleistungen wie bspw. die Infrastruktur, Plattformen und Softwaresysteme. Diese Dienstleistungen sind mit minimalem Aufwand sowohl durch den Kunden als auch durch den CSP verfügbar.[11]

2.2 Server based Computing

Das SbC ist eine spezielle Form eines Client-Server-Netzwerks. Ein klassisches Client-Server-Netzwerk besteht aus einer zentralen Einheit, dem Server, und mehreren dezentralen Clients, die beim Anwender vor Ort sind. Auf den Clients befinden sich alle für die Nutzung des Clients notwendigen Ressourcen wie bspw. Betriebssystem, Anwendungen etc.. Daten, die auf dem Client verarbeitet werden, können dabei entweder auf dem Client selbst (z.B. auf der Festplatte) oder auf dem Server gespeichert werden.[12] Beim SbC kann der Nutzer mit einem Thin-Client arbeiten, der eine preiswerte Alternative zu einem normalen Arbeitsplatzrechner darstellt, da die eigentliche Rechnerleistung auf den Servern in Rechenzentren erfolgt.[13] Der Thin-Client (auch Terminal genannt) dient hier als Möglichkeit zur Darstellung und Anzeige von Bildschirminformationen. Die Interaktion selbst erfolgt über den Server, welcher auf den Bildschirmen des Thin-Clients dargestellt wird. Die Daten werden zentralisiert auf dem Server gespeichert, da oftmals keine Festplatte in den Thin-Clients verbaut wird.[14]

2.3 Informationssicherheit

Informationssicherheit wird oftmals mit dem Begriff IT-Sicherheit gleichgesetzt. Die beiden Begriffe schließen sich zwar inhaltlich nicht gegenseitig aus, jedoch wäre dies aus Sicht der Informationssicherheit zu wenig. Während die IT-Sicherheit ausschließlich das technische Risiko betrachtet, beinhaltet die Informationssicherheit zusätzlich den Menschen als Risikofaktor im Gesamtkonzept.[15] Im Rahmen dieser Arbeit wird der Fokus überwiegend auf der technischen Betrachtungsweise, also der IT-Sicherheit liegen. In einigen Fällen kann es jedoch vor-

---

[11] Vgl. BSI (2012a), S. 15 f.
[12] Vgl. Lampe, F. (2010), S. 91.
[13] Vgl. Lampe, F. (2010), S. 92 f.
[14] Vgl. Knermann, C.; Köchling, C. (2007), S. 11.
[15] Vgl. Sowa, A. (2017), S. 8.

kommen, dass aufgrund der oftmals nahtlosen Übergänge zwischen den beiden Bereichen, diese synonym verwendet werden.

Gemäß des BSI wird IT-Sicherheit als der Schutz von Daten anhand der Anforderungen an die IT-Schutzziele definiert.[16] Die nachfolgende Abbildung zeigt die vom BSI definierten und gängigsten IT-Schutzziele, es gibt jedoch auch weitere.

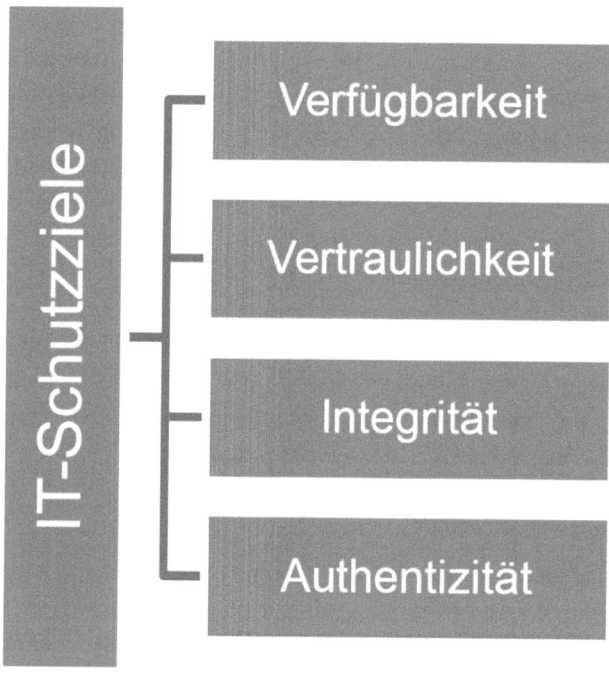

Abbildung 2: IT-Schutzziele nach BSI[17]

Auf die Möglichkeiten und Definitionen der Zielerreichungsgrade wird in den jeweiligen Unterkapiteln eingegangen. In einigen Fällen kommt es vor, dass die IT-Schutzziele nicht vollständig erreicht werden. Die daraus resultierenden Gap-Risiken werden in einem Risikomanagement-Prozess analysiert. Dort wird die

---

[16] Vgl. BSI (2012b), S. 14.
[17] Eig. Darstellung in Anlehnung an BSI (2012b), S. 14

Wahrscheinlichkeit des Eintretens eines Schadensfalls im Verhältnis mit der Schadenshöhe ermittelt und geprüft, ob es sich um einen wirtschaftlich oder rechtlich relevanten Ausfall handelt. Das Unternehmen hat daraufhin die Möglichkeit, durch bestimmte Strategien dem Risiko entgegenzuwirken. Mögliche Strategien sind hierbei die Risikovermeidung, -minimierung, -transfer und -übernahme.[18] Bei gravierenden Restrisiken ist es ggf. notwendig risikoreduzierende Maßnahmen zu treffen, um das (Informations-) Sicherheitsniveau zu steigern und die Restrisiken in einen tolerierbaren Rahmen zurückzuführen. Die Erreichung der IT-Schutzziele erfolgt durch unternehmensindividuelle technisch-organisatorische Maßnahmen.[19] Die IT-Schutzziele werden nun erläutert.

2.3.1 Verfügbarkeit

Das Schutzziel Verfügbarkeit von Informationen, Systemen oder sonstigen Daten zeigt die Notwendigkeit, dass die zuvor genannten IT-Objekte einem bestimmten und speziell dafür berechtigten Nutzerkreis, bei Bedarf, in einer definierten Zeitspanne verfügbar gemacht werden. Der Nutzerkreis hat dann einen Bedarf, wenn dieser für die Verarbeitung der IT-Objekte zugelassen ist und für seine Tätigkeit benötigt wird. Die definierte Zeitspanne ist unternehmensindividuell festgelegt.[20] Die Einstufung erfolgt bspw. in prozentualer Schreibweise inkl. einer unternehmensindividuellen Klassifizierung.[21]

2.3.2 Vertraulichkeit

Als Vertraulichkeit gilt bei den Schutzzielen, dass Informationen nur einem ausgewählten Personenkreis zugänglich gemacht werden. Daher wird bestrebt, die Informationen für unberechtigte Personen unzugänglich zu machen, was ein bestimmtes Maß an Sicherheitsanforderungen notwendig macht.[22] Je höher der Schutzbedarf der Informationen, desto höher die Sicherheitsanforderungen. Dies ist notwendig, um einen Datenmissbrauch zu verhindern. Die Klassifizierung die-

---

[18] Vgl. Gellert, R. (2017), S. 2.
[19] Vgl. Kersten, H.; Klett, G.; Reuter, J.; Schröder, K.-W. (2016), S. 40.
[20] Vgl. Kersten, H.; Klett, G.; (2015), S. 66 f.
[21] Weitere und tiefergehende Informationen zur Schutzbedarfsfeststellung sowie der Kategorisierung können dem Kapitel 8.3 Schutzbedarfsfeststellung, des Werks BSI-Standard 200-2 IT-Grundschutz-Vorgehensweise entnommen werden. Dieser Standard kann als Praxisleitfaden dienen. Das Werk ist im Literaturverzeichnis aufgeführt.
[22] Vgl. Brenner,M.; Felde, N.; Hommel, W.; Metzger, S.; Reiser, H.; Schaaf, T. (2011), S. 3f..

ses Schutzziels kann, wie das Schutzziel Verfügbarkeit, durch eine unternehmensindividuelle Einstufung wie bspw. „gering", „mittel", „hoch" und „sehr hoch" erfolgen.[23] Vor allem die IT-Schutzziele Vertraulichkeit und Verfügbarkeit können Gegenpole zueinander darstellen. Aufgrund einer hohen Anforderung an Vertraulichkeit kann es passieren, dass die Verschlüsselungssystematik so komplex ist, dass die Verfügbarkeit nicht mehr in gewünschtem Maße gegeben ist[24] (z.B. Verarbeitung beruflicher E-Mails auf privatem Smartphone ist aufgrund von Restriktionen untersagt).

2.3.3 Integrität

Das Schutzziel Integrität bezeichnet die Eigenschaft, dass ausgewählte Daten nur von Befugten in der dafür vorgesehenen Art und Weise bearbeitet werden können. Die Bearbeitung kann sowohl die Änderung als auch die Löschung der Daten implizieren.[25]

Ein hohes Maß an Integrität gibt an, dass durch die technisch-organisatorischen Maßnahmen sichergestellt wird, dass die Daten/Informationen unversehrt, vollständig, unverändert und korrekt verarbeitet werden. Die Sicherstellung der Korrektheit der Daten wird anhand bestimmter Attribute wie z.B. Autor, Zeitpunkt der Erstellung und Bearbeitung der Daten festgehalten. Der Verlust von Integrität im Kontext von Daten bedeutet, dass diese unerlaubt verändert oder manipuliert wurden, was anhand der Historie der Informationen nicht nachvollzogen werden kann.[26] Die Klassifizierung der Integrität kann analog der Klassifizierung der Vertraulichkeit erfolgen.

---

[23] Vgl. Tiemeyer, E. (2011), S. 533.
[24] Vgl. Harich, T.W. (2018), S. 316.
[25] Vgl. Kersten, H.; Klett, G., (2015), S. 65.
[26] Vgl. Hofmann, J.; Schmidt, W. (2010), S. 291.

2.3.4 Authentizität

Authentizität bezeichnet die Eigenschaft, dass der Absender einer Information oder von Daten, der tatsächlich gewünschte Absender ist. Die erhaltenen Informationen sind daher eindeutig der angegebenen Quelle zuzuordnen.[27] Hier kann ebenfalls die Klassifizierung durch eine unternehmensindividuelle Einstufung erfolgen wie bspw. „gering", „mittel", „hoch" und „sehr hoch".

2.4 Datenschutz

Der Begriff Datenschutz kann nominell zwei Bedeutungen haben. Zum einen kann es der Schutz von gespeicherten Daten und die unerlaubte Verarbeitung derer aufgrund unerwünschtem Zugriff oder ein möglicher Verlust von Daten sein. Zum anderen kann es der Schutz des Bürgers davor sein, unerwünschte Folgen durch den Verlust oder den unerwünschten Zugriff auf personenbezogene Daten zu erleiden. Personenbezogene Daten liegen dann vor, wenn anhand von Daten und Informationen eine identifizierbare natürliche Person ermittelt werden kann. Die Identifizierung ist dann gegeben, wenn die natürliche Person aufgrund von Kennungen, Nummern, Standortdaten eindeutig zuzuordnen ist oder daraus Rückschlüsse zu ihren physischen, genetischen, wirtschaftlichen, religiösen, kulturellen Interessen sowie Identität gezogen werden können. Dazu zählen, neben eindeutigen Informationen wie dem Namen, bspw. auch IP-Adressen.[28] Es bleibt festzuhalten, dass die beiden Definitionen sich nicht ausschließen, sondern die erste Definition die Voraussetzung dafür ist, dass die zweite Beachtung finden kann.[29] Ein oftmals synonym verwendeter Begriff ist die Datensicherheit. Anders als beim Datenschutz geht es hier jedoch um die Einhaltung der IT-Schutzziele, die in den vorherigen Kapiteln beschrieben wurden. Dabei geht es nicht nur um personenbezogene Daten, sondern um sämtliche Daten und Informationen.[30]

---

[27] Vgl. IT-Grundschutz 4 Glossar und Begriffsdefinitionen, aufgerufen am 11.03.2019, 14:56 Uhr.
[28] Vgl. Krcmar, H; Eckert, C.; Roßnagel, A.; Sunyaev, A.; Wiesche, M. (2018), S. 33.
[29] Vgl. Witt, B. C. (2010), S. 3.
[30] Vgl. Sodtalbers, A.; Volkmann, C.; Heise, A. (2010) S. 271

Der Datenschutz findet sich in mehreren Artikeln des Grundgesetzes (GG) wieder auch wenn er nicht namentlich erwähnt ist. In Art. 1 wird dies durch die Unantastbarkeit der Menschenwürde deutlich, in Art. 2 geht es um die freie Entfaltung der eigenen Persönlichkeit.[31] Die erste offizielle Version eines Datenschutzgesetzes stammt aus dem Jahre 1970. Das Bundesland Hessen verabschiedete das Hessische Datenschutzgesetz (HDSG), welches weltweit als erstes Datenschutzgesetz überhaupt gilt.[32] Sieben Jahre später wurde das Bundesdatenschutzgesetz verabschiedet.[33] Mit dem Volkszählungsurteil von 1983 wurde der Grundstein zur Bildung des Persönlichkeitsrechts gelegt, welches durch das Bundesverfassungsgericht in Form des Grundrechts zur informationellen Selbstbestimmung untermauert wurde. Dieses Grundrecht besagt, dass jeder Bürger über die Preisgabe und Weiterleitung personenbezogener Daten selbst bestimmen darf. Dieses Recht gilt auch dem Staat gegenüber, welcher die Pflicht hat, den Bürger zu schützen.[34] Im Jahre 1995 wurde durch die Verabschiedung der europäischen Datenschutzrichtlinie EG 95/46 ein Mindeststandard für die Mitgliedsstaaten der EU sichergestellt, welcher jedoch durch den einzelnen Mitgliedsstaat unterschiedlich diversifiziert wurde. Der Mindeststandard galt für jedes Unternehmen, das seinen Firmensitz innerhalb der EU-Staaten hatte.[35] Die Datenschutzrichtlinie wurde am 25. Mai 2018 durch die EU-Datenschutzgrundverordnung (DSGVO) abgelöst.[36] Ebenso wie die EG 95/46 gibt die DSGVO sog. Datenschutzgrundsätze vor, nach denen die Verarbeitung personenbezogener Daten erfolgen muss, welche aus der nachfolgenden Grafik ersichtlich sind und anschließend erläutert werden:

---

[31] Vgl. Art. 1 + Art. 2 GG
[32] Vgl. Langhanke, C. (2018), S. 7.
[33] Vgl. Petrlic, R.; Sorge, C. (2017), S.141.
[34] Vgl. Petrlic, R.; Sorge, C. (2017), S.143.
[35] Vgl. Loomans, D.; Matz, M.; Wiedemann, M. (2014), S. 11.
[36] Vgl. Voigt, P.; von dem Bussche, A. (2018), S. 2.

Abbildung 3: Datenschutzgrundsätze[37]

- Rechtmäßigkeit, Verarbeitung nach Treu und Glauben, Transparenz: die Daten müssen rechtmäßig und für den betroffenen nachvollziehbar verarbeitet werden
- Zweckbindung: es muss ein legitimer und eindeutiger Zweck bei der Erhebung der Daten vorliegen
- Datenminimierung: für den Zweck der Verarbeitung auf ein Minimum reduzierte Datenmenge sowie angemessen und erheblich
- Richtigkeit: die Daten müssen richtig und auf dem aktuellsten Stand sein; falsche Daten müssen mit angemessenen Maßnahmen gelöscht oder berichtigt werden

---

[37] Eigene Darstellung in Anlehnung an Art. 5 DSGVO.

- Speicherbegrenzung: Daten dürfen nur so lange gespeichert werden, wie sie für den jeweiligen Zweck verwendet/gebraucht werden; bei Vorhandensein von technisch organisatorischen Maßnahmen können unter bestimmten Umständen die Daten länger gespeichert werden
- Integrität und Vertraulichkeit: Daten müssen so verarbeitet werden, dass diese nicht durch Unbefugte oder unrechtmäßig verarbeitet, verloren oder beschädigt werden
- Rechenschaftspflichtig: Der Verantwortliche ist für die Einhaltung der zuvor genannten Aspekte zuständig und muss dies nachweisen können[38]

Eine weitere wichtige Änderung, die sich durch die DSGVO ergeben hat, ist das Marktortprinzip. Durch dessen Einführung ist es nicht mehr notwendig, dass die personenbezogenen Daten innerhalb der EU verarbeitet werden müssen. Stattdessen ist es nun relevant, wo die jeweilige Dienstleistung angeboten wird. Sobald die Dienstleistung innerhalb des EU-Binnenmarkts angeboten wird, greift die DSGVO. Die Nationalität der Kunden spielt beim Marktortprinzip ebenfalls keine Rolle und Anbieter sind u. U. dazu verpflichtet, einen Vertreter innerhalb der EU zu bestellen, der als Anlaufstelle für die betroffenen Personen und für die Aufsichtsbehörden agieren soll.[39]

Für die vollständige Umsetzung und Einhaltung der DSGVO ist die Geschäftsführung der Unternehmen verantwortlich.[40] Für die Einhaltung muss sie zudem geeignete technische und organisatorische Maßnahmen verwenden, welche sicherstellen müssen, dass die Verarbeitung gemäß der DSGVO erfolgt, was die Geschäftsführung bei Bedarf nachweisen muss. Diese Maßnahmen müssen regelmäßig getestet und, insb. bei Veränderungen, dokumentiert werden.[41]

---

[38] Vgl. Art. 5 DSGVO
[39] Vgl. Voigt, P.; von dem Bussche, A. (2018), S. 31.
[40] Vgl. Art. 24 Abs. 1 DSGVO.
[41] Vgl. Deters, H.; Eckert, T. (2017), S. 93.

Ebenfalls neu ist, dass nun die Geschäftsführung der Gesellschaft verpflichtet ist, die Einhaltung der Grundsätze auch bei Auftragsverarbeitern, Dienstleistern und sonstigen Subauslagerungsnehmern, welche personenbezogene Daten der eigenen Kunden verarbeiten, zu gewährleisten.[42] Dies muss sie ebenfalls bei Nachfragen nachweisen können.

---

[42] Vgl. Art. 82 DSGVO.

3 Cloud Computing

Bevor im fünften Kapitel auf Chancen, Risiken, Vorteile und Nachteile von Cloud Computing eingegangen wird ist es sinnvoll, die Systematik hinter dem Cloud Computing zu analysieren. Deshalb wird in Kapitel 3.1. eine Übersicht inkl. weiterer Details über das Technologiekonzept und der Entstehung von Cloud Computing gegeben und erläutert. In Kapitel 3.2. werden spezielle Eigenschaften des Cloud Computings und besondere Charakteristika beschrieben.

3.1 Technologiekonzept und Herkunft des Cloud Computing

Das Cloud Computing hat sich aus verschiedenen Technologieformen entwickelt. Die Basistechnologien, welche dem Cloud Computing zugrunde liegen, werden nun in den nachfolgenden Kapiteln, der Chronologie ihres Erscheinens nach, erläutert. Es werden zudem die Gemeinsamkeiten des jeweiligen Technologiekonzepts sowie etwaige Analogien mit dem Cloud Computing herausgearbeitet.

3.1.1 Grid Computing

Das Technologiekonzept von Cloud Computing vereint einige bereits bestehende Technologien. Eine Technologieform ist das Grid Computing, welches bereits Mitte der 1990er-Jahre entstanden ist.[43] Bengel et al. definieren Grid Computing als Technik, welche für die Integration und der gemeinsamen, institutsunabhängigen-/übergreifenden sowie lokal unabhängigen Nutzung von verteilten Ressourcen, genutzt wird.[44] Der Grundgedanke des Grid Computings stammt aus dem Bereich der Stromnetze. Damals wurde es mittels eines standardisierten Adapters (z.B. Steckdose) dem Nutzer ermöglicht, Zugriff auf die Stromnetze zu erhalten, jedoch hatte der Nutzer keinen Zugriff auf die technische Realisierung, sondern nutzte lediglich die Dienstleistung. Dieses Prinzip sollte sich ebenfalls auf die IT-Landschaft ausweiten.[45] Analog dazu, verhält es sich beim Grid Computing: Hierbei bezieht der User Ressourcen von unterschiedlichen Rechenzentren, welche zentralisiert auf seinem Endgerät zur Verfügung gestellt werden. Die gemeinsame Nutzung wird in sog. virtuellen Organisationen durchgeführt, welche die Ressourcen den jeweiligen Nutzern zuweisen. Sollten die Ressourcen nicht mehr benötigt

---

[43] Vgl. Reinheimer, S. (2018), S. 5.
[44] Vgl. Bengel, G.; Baun, C.; Kunze, M.; Stucky, K.-U. (2015), S. 447.
[45] Vgl. Reinheimer, S. (2018), S. 5.

werden hat der User innerhalb kürzester Zeit die Möglichkeit die Rechenleistung seines Endgeräts aufzustocken und wieder zu deaktivieren,. Dies zeigt die Elastizität und Flexibilität, welche es auch beim Cloud Computing gibt.[46]

3.1.2 Utility Computing

Utility Computing stellt ein wichtiges Konstrukt zur Verwendung von Cloud Computing dar. Vielfach wird es als Bindeglied zwischen Grid Computing und Cloud Computing gewertet.[47] Hierbei handelt es sich jedoch nicht um eine Technologieform, sondern um ein Geschäftsmodell, welches die IT-Ressourcen (Utilities) wie Rechnerleistung, Speicher etc. nutzungsabhängig bepreist.[48] Die Idee des Utility Computings gab es sehr früh, jedoch scheiterte es an der Umsetzung, da es zum damaligen Zeitpunkt weder allgemeinen Zugang zum Internet gab, noch war die dafür nutzbare Hardware kostengünstig und flächendeckend verfügbar. Dies änderte sich in den 1990er Jahren als das Cloud Computing und Applikationen on demand erschienen und die Grundidee des Pay-per-Use vom Utility Computing in das Cloud Computing integriert wurde.[49] Die Grundidee des Utility Computing ist, gelegentliche Belastungsspitzen kurzfristig auszugleichen indem man Ressourcen zur Optimierung des eigenen Systems bezieht. Cloud Computing hingegen ist als eine längerfristigere Optimierung gedacht.[50] Die kurzfristige Nutzungsmöglichkeit oder Abbestellung der gebuchten Leistungen zeigt die Elastizität des Utility Computings sowie auch der späteren Technologie, dem Cloud Computing.[51] Die Elastizität wird im Kapitel 3.2 kurz erläutert.

3.1.3 Virtualisierung

Die Virtualisierungstechnologie ist eine grundlegende Technik, derer sich das Cloud Computing bedient. Durch Virtualisierung ist es möglich, dass eine Hardware durch mehrere Benutzer gleichzeitig und unabhängig verwendet wird.[52] Dabei werden physikalische Ressourcen wie bspw. Prozessoren etc. zu virtuali-

---

[46] Vgl. Bengel, G.; Baun, C.; Kunze, M.; Stucky, K.-U. (2015), S. 447.
[47] Vgl. Lissen, N.; Brünger, C.; Damhorst, S. (2014), S. 12.
[48] Vgl. Franke, M. R. (2017), S. 53.
[49] Vgl. Vossen, G.; Hasselmann, T.; Hoeren, T. (2012), S. 19.
[50] Vgl. Franke, M. R. (2017), S. 53.
[51] Vgl. Vossen, G.; Hasselmann, T.; Hoeren, T. (2012), S. 19.
[52] Vgl. Metzger, C.; Reitz, T.; Villar, J. (2011), S. 3.

sierten Einheiten zusammengefasst und bestehende Ressourcen aufgeteilt. Dadurch ist es möglich, das eigene System je nach Anforderung zu optimieren und die Auslastung den Anforderungen anzupassen. Erreicht wird dies dadurch, dass das Betriebssystem von der Hardware durch bestimmte Software getrennt wird.[53] Dem Betriebssystem wird dadurch suggeriert, dass es auf eine Hardware zugreift, welche nicht existiert.

Man kann drei Varianten unterscheiden:

1. Partitionierung: Die Ressource(n) werden in mehreren virtuellen Systemen aufgeteilt. Dabei werden gering ausgelastete Ressourcen durch die Aufteilung und Verteilung besser ausgelastet.
2. Aggregation: Hier ist das Ziel, dass einzelne Systeme zu einem großen, leistungsstarken System zusammengefasst werden. Dadurch kann eine höhere Rechenleistung erzielt werden, als auf den einzelnen Systemen.
3. Emulation: Ein System wird auf einem anderen System nachgebildet. Dadurch ist es möglich, die Anzahl und Komplexität der verschiedenen Systemarchitekturen geringer zu halten, da das abbildende System das Original nachbildet.[54]

3.1.4 Serviceorientierte Architekturen

Unter einer serviceorientierten Architektur versteht man ein Konzept, bei dem IT-Ressourcen gebündelt und auf die Ebene abstrakter Geschäftsprozesse angehoben werden.[55] Das Ziel ist es, eine Optimierung der Ressourcennutzung zu erzielen. Das Konzept dahinter ermöglicht es, dem Nutzer Dienstleistungen anzubieten, ohne dass dieser seine Technik der des Anbieters angleichen muss.[56] Dies ist deshalb möglich, weil eine plattform- und sprachunabhängige Verwendung der einzelnen Systemkomponenten stattfindet, was auch erforderlich ist. Durch die Verwendung einzelner Komponenten können durch Zusammenlegung komplexe Systeme zusammengefasst werden. Hierbei wird mit einem hohen Standardisie-

---

[53] Vgl. Schlegel, H. (2010), S. 208.
[54] Vgl. Schlegel, H. (2010), S. 209.
[55] Vgl. Lissen, N.; Brünger, C.; Damhorst, S. (2014), S. 11.
[56] Vgl. Franke, M. R. (2017), S. 56.

rungsgrad gearbeitet, sodass diese Zusammenlegung und die plattformunabhängige Verwendung leicht ermöglicht werden kann.[57]

3.2 Eigenschaften des Cloud Computing

Wie im zweiten Kapitel beschrieben, hat das Cloud Computing wesentliche Eigenschaften auf die in diesem Kapitel kurz eingegangen wird. Die Übersicht beinhaltet sieben wesentliche Eigenschaften, welche anhand der nachfolgenden Abbildung dargestellt und anschließend kurz erläutert werden:

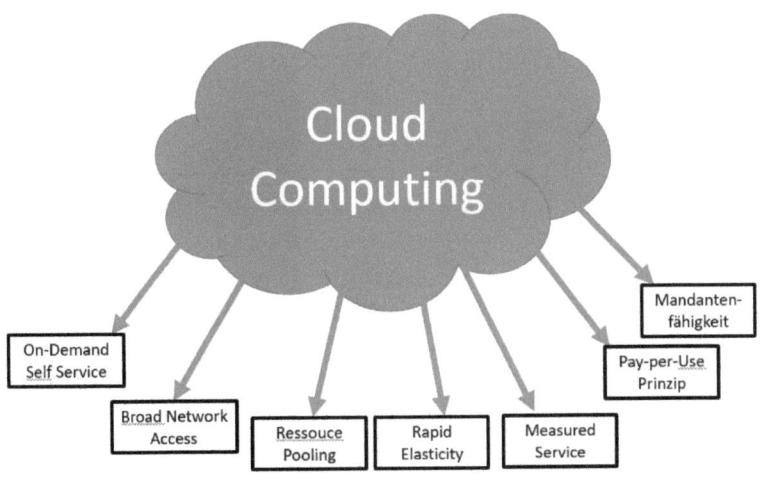

Abbildung 4: Eigenschaften des Cloud Computing [58]

---

[57] Vgl. Lissen, N.; Brünger, C.; Damhorst, S. (2014), S. 11.
[58] Eigene Darstellung in Anlehnung an Jaekel, M.; Bronnert, K. (2013), S. 48f.

3.2.1 On-Demand Self-Service:

Dieser Service bezeichnet die Möglichkeit, die Systeme im Rahmen einer Selbstbedienung zu konfigurieren. Damit hat der Cloud-Nutzer jederzeit die Möglichkeit, Rechenkapazitäten und Storage-Platz zu beziehen, was ohne Interaktion des Anbieters und mithilfe des Internets möglich sein soll.

3.2.2 Broad Network Access

Der breite Netzwerkzugriff wird mittels eines Netzwerks zur Verfügung gestellt. Damit ist die Verfügbarkeit des Cloud Computings durch standardisierte Schnittstellen und Systeme möglich. Durch das Broad Network Access ist eine Multi-Plattform-Nutzung möglich und unterschiedliche Geräteklassen nutzbar.

3.2.3 Ressource Pooling:

Das Ressource Pooling impliziert, dass der CSP physikalische und virtuelle Ressourcen bereitstellt, um seine Services anzubieten. Die Ressourcen werden dabei dynamisch dem Kunden zugewiesen, allerdings kann er vor der Nutzung der Ressourcen dem CSP Bedingungen an die Infrastruktur stellen. Hierbei ist ein Mietmodell die Basis für die Nutzung der vom Anbieter angebotenen Infrastruktur.[59]

3.2.3.1 Mandantenfähigkeit

Die Mandantenfähigkeit des Cloud Computing beinhaltet die Eigenschaft, dass sich mehrere Benutzer gemeinsame Ressourcen teilen, weshalb diese Fähigkeit vorliegen muss. Jedoch werden die Daten und Anwendungen auf den gemeinsamen Ressourcen völlig isoliert abgelegt.[60]

3.2.3.2 Rapid Elasticity

Die Elastizität stellt die schnelle Anpassung an den aktuellen Bedarf dar. Damit lassen sich kurzzeitige Lastspitzen und hohe Ressourcenanforderungen kurzzeitig problemlos bedienen, da der Cloud-Anwender jederzeit eine nahezu unbegrenzte Menge an Ressourcen zur Verfügung hat.[61] Die Anpassung erfolgt meist

---

[59] Vgl. Franke, M. R. (2017), S. 38.
[60] Vgl. Jaekel, M.; Bronnert, K. (2013), S. 48f.
[61] Vgl. Franke, M. R. (2017), S. 38.

automatisch und schnell und der Kunde kann daher unmittelbar auf geänderte Anforderungen reagieren.[62]

3.2.3.3 Measured Service

Measured Service bezeichnet die Möglichkeit, dass die Nutzung der Ressourcen durch den User automatisch gemessen werden kann. Durch diese Transparenz bei der Messbarkeit der Nutzung können entsprechende Ressourcen bedarfsgerecht den Nutzern angeboten werden. Dadurch ist ein bestimmtes Pricing für den Cloud-Nutzer nach dem gemeinsam vereinbarten Preismodell möglich.[63]

3.2.3.4 Pay-per-Use Prinzip:

Das Pay-per-Use Prinzip ergänzt den Measured Service. Durch die zuvor genannte Messung ist es möglich, dass der Nutzer nur die IT-Ressourcen bezahlen muss, die er auch tatsächlich beansprucht. In einigen Fällen ist dies auch als Flatrate möglich.[64]

3.3 Varianten des Cloud Computing

Grundsätzlich lassen sich bei den Varianten zur Bereitstellung des Cloud Computings zwei wesentliche Cloud-Formen unterscheiden: Zum einen gibt es die Public Clouds und zum anderen die Private Clouds. Dazu gibt es noch einige Mischformen der beiden „Hauptvarianten". Dies ist zum einen die Hybrid Cloud sowie die Community Cloud und weitere Unterkategorien der Hauptvarianten.[65] Die Abbildung 4 zeigt das grobe Schema der jeweiligen Cloud-Formen. Diese werden in den nachfolgenden Unterkapiteln genauer beschrieben und voneinander abgegrenzt.

---

[62] Vgl. Blokland, K.; Mengerink, J.; Pol, M.; Rubruck, D. (2016), S. 7.
[63] Vgl. Franke, M. R. (2017), S. 38.
[64] Vgl. Jaekel, M.; Bronnert, K. (2013), S. 48f.
[65] Vgl. Barton, T.; Burkhard, E.; Herrmann, F.; Müller, C.; Schuler, J. (2012), S. 87f.

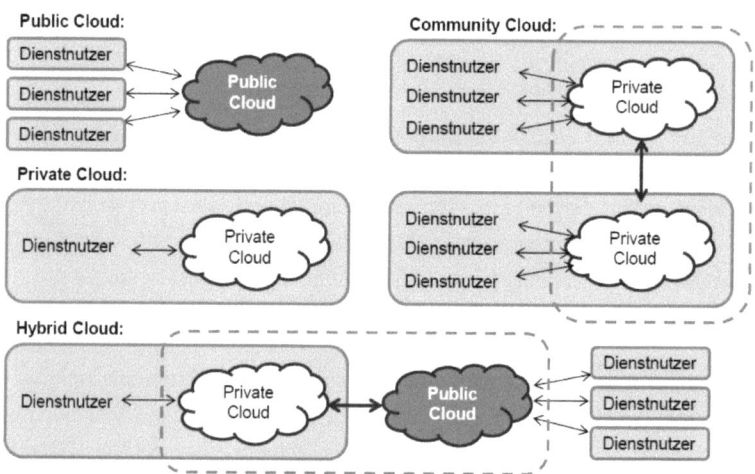

Abbildung 5: Übersicht der Varianten von Cloud Computing[66]

3.3.1 Private Cloud

Bei einer Private Cloud werden IT-Services für einen bestimmten und ausgewählten Teilnehmerkreis zur Verfügung gestellt. In den meisten Fällen handelt es sich um unternehmenseigene Rechenzentren, die nicht für die Öffentlichkeit zugänglich sind.[67] Es ist allerdings nicht zwingend der Fall, dass das Unternehmen auch Inhaber der Infrastruktur sein muss. Es kann einen CSP oder einen externen IT-Dienstleister damit beauftragen, am eigenen Standort ein Rechenzentrum aufzubauen, ohne dass es dafür die Infrastruktur kauft. Die Inhaberschaft kann weiterhin beim IT-Dienstleister oder dem CSP liegen sowie auch das Hosting kann dadurch erfolgen.[68] Diese Unterschiede lassen die nachfolgende Unterkategorisierung der Private Cloud zu:

---

[66] Labes, S. (2012), S. 15.
[67] Vgl. Krcmar, H.; Leimeister J. M.; Roßnagel, A. (2016), S. 21.
[68] Vgl. Franke, M. R. (2017), S. 42.

Corporate Cloud	Geschlossenes Cloud Computing System, dessen Betrieb vollständig über die eigene Infrastruktur und das Rechenzentrum des eigenen Unternehmens stattfindet.
Managed Cloud	Die Infrastruktur ist zwar im unternehmenseigenen Rechenzentrum vorhanden, allerdings findet das Hosting über einen Dienstleister statt.
Outsourced Cloud	Hierbei ist das Cloud Computing vollständig an einen Anbieter ausgelagert. Die Infrastruktur ist physisch nicht im Unternehmen vorhanden und auch die Verwaltung findet über einen Dienstleister statt.

Tabelle 1: Sub-Kategorien der Private Cloud[69]

Der Zugriff auf die Private Cloud erfolgt bspw. über das Intranet, bei dem der Nutzer über ein Virtual Private Network zwischen seinem Endgerät und der Private Cloud interagiert.[70]

3.3.2 Public Cloud

Der Begriff „Cloud" wird oftmals als Synonym für die Public Cloud verwendet.[71] Bei der Public Cloud handelt es sich um eine Variante des Cloud Computings, bei der die Cloud Umgebung vollständig im Eigentum eines CSP ist.[72] Dabei teilen sich mehrere Nutzer, welche bspw. Unternehmen oder Privatpersonen sein können, die gleichen Ressourcen untereinander.[73] Der Zugriff auf die Public Cloud erfolgt in der Regel über das Internet, wodurch eine globale Nutzung durch den Anwender möglich ist und die Infrastruktur durch den CSP weltweit angeboten werden kann.[74] Obwohl sogar im Wettbewerb stehende Unternehmen die gleiche Infrastruktur des CSP nutzen können, gibt es untereinander keinen Zugriff, es sei denn, dieser ist ausdrücklich gewünscht. Die Daten werden voneinander isoliert, obwohl die gleichen Ressourcen verwendet werden.[75]

Die Anwender erhalten gegen Bezahlung vom CSP bestimmte vorher definierte Leistungen (Pay-per-Use, siehe Kapitel 3.2.), die oftmals auf Basis von Subskriptionsmodellen oder nach der Menge tatsächlich genutzter Ressourcen abgerechnet

---

[69] Eigene Darstellung in Anlehnung an Labes, S. (2012), S. 16f.
[70] Vgl. Münzl, G.; Pauly, M.; Reti, M. (2015). S. 14.
[71] Vgl. Barton, T.; Burkhard, E.; Herrmann, F.; Müller, C.; Schuler, J. (2012), S. 87.
[72] Vgl. Münzl, G.; Pauly, M.; Reti, M. (2015). S. 13.
[73] Vgl. Franke, M. R. (2017), S. 43.
[74] Vgl. Barton, T.; Burkhard, E.; Herrmann, F.; Müller, C.; Schuler, J. (2012), S. 87.
[75] Vgl. Krcmar, H.; Leimeister J. M.; Roßnagel, A. (2016), S. 21.

werden.[76] Da die Nutzung durch den Anwender dynamisch ist, aber die Ressourcen des Anbieters begrenzt, werden Service-Level-Agreements (SLA) geschlossen. In diesen SLA ist in der Regel eine Mindesterreichbarkeit definiert, aber keine Garantie für physische Kapazitäten oder ähnliches.[77] Hierbei handelt es sich um eine Exclusive Open Cloud, bei welcher individualisierte Verhandlungen stattfinden. Der zweite Typ einer Public Cloud ist die Open Cloud. Bei der Open Cloud werden standardisierte Cloud-Dienste mit standardisierten Dienstverträgen inkl. der Akzeptanz der AGB abgewickelt und angenommen.[78]

Da der CSP im Besitz der Public Cloud ist, gibt er auch die Sicherheitsmaßnahmen dafür vor, worauf der Anwender keinen Einfluss hat. Er kann die Art und den Standort der physischen Infrastruktur erfahren sowie Sicherheitsmaßnahmen beim CSP erfragen, um eine eigene Sicherheitseinstufung durchzuführen.[79] Bei einer Public Cloud ist eine hohe Standardisierungsrate angestrebt, um die Kosten möglichst günstig zu halten, weshalb Individualisierungen, wie zuvor beschrieben, nicht oder nur gegen deutlichen Aufpreis möglich sind.[80]

3.3.3 Hybrid Cloud

Die Hybrid Cloud ist eine Mischvariante der beiden zuvor genannten Cloud-Formen Public Cloud und Private Cloud. Hierbei werden einige IT-Services und Prozesse in eine Public Cloud ausgelagert und andere wesentliche Kernprozesse und Services bleiben im Regelbetrieb auf der (unternehmenseigenen) Private Cloud.[81] Diese Mischform dient vor allem dazu, die Private Cloud bei Leistungsspitzen durch die Nutzung der Ressourcen einer Public Cloud zu entlasten.[82] In den meisten Fällen werden dabei unkritische Geschäftsprozesse und Applikationen durch eine Hybrid Cloud dargestellt.[83] Daraus ergibt sich die Herausforderung, dass die bestehende IT-Infrastruktur des Unternehmens sowohl mit der einen Variante, als auch mit der anderen Variante ohne Probleme miteinander in-

---

[76] Vgl. Reinheimer, S. (2018), S. 7.
[77] Vgl. Reinheimer, S. (2018), S. 8.
[78] Vgl. Labes, S. (2012), S. 16.
[79] Vgl. Münzl, G.; Pauly, M.; Reti, M. (2015). S. 13.
[80] Vgl. Barton, T.; Burkhard, E.; Herrmann, F.; Müller, C.; Schuler, J. (2012), S. 87.
[81] Vgl. Reinheimer, S. (2018), S. 8.
[82] Vgl. Labes, S. (2012), S. 17.
[83] Vgl. Reinheimer, S. (2018), S. 8.

teragieren können um keine Leistungsbrüche zu erzeugen und die Schnittstellen daher perfekt abgestimmt sein müssen. Die Erwartungshaltung des Nutzers ist es, eine flexible Lösung zu erhalten mit derer er seine Geschäftsprozesse optimal unterstützen kann, egal mit welcher Plattform bzw. Cloud-Lösung er gerade arbeitet, was er nicht einmal wissen muss.[84] Dieses Modell ist auf absehbare Zeit das sich durchsetzende Modell, da das Unternehmen die eigene IT-Infrastruktur lange ausnutzen kann. Bspw. wenn die eigenen Ressourcen ausgelastet sind oder die eigene Infrastruktur wirtschaftlich nicht mehr tragbar ist, kann auf die Public Cloud umgerüstet werden.[85]

3.3.4 Community Cloud

Bei einer Community Cloud teilen sich mehrere Unternehmen und Organisationen die gleiche Private Cloud. Die Unternehmen haben oftmals die gleichen oder ähnliche Anforderungen, gemeinsame Ziele oder ähnliche Sicherheitsbedürfnisse in ihrer Unternehmung, weshalb sie diese gemeinsam errichten.[86] Die Anforderungen insb. zur Sicherheit und zum Datenschutz werden dabei gemeinsam vereinbart und festgelegt.[87] Der Nutzerkreis beschränkt sich dabei auf die teilnehmenden Organisationen, die mit dem gemeinsamen Betrieb der Clouds die vorhandenen Ressourcen besser aufteilen und Einsparungen erzielen können. Beispiele für die Nutzung von Community Clouds sind größere Behörden und die öffentlichen Verwaltungen.[88]

3.4 Servicemodelle und Ebenen des Cloud Computing

Nachdem im zuvor genannten Kapitel die verschiedenen Varianten der Cloud-Modelle vorgestellt wurden wird in diesem Kapitel nun auf die Servicemodelle sowie die unterschiedlichen Ebenen des Cloud Computings eingegangen. Ein weitgehend verbreitetes und akzeptiertes Modell, welches auch vom NIST verwendet wird, ist ein 3-Ebenen-Servicemodell.[89] Dieses Modell ist auch als „Everything-as-a-Service"-Paradigma oder auch „X-as-a-Service" bekannt. Die einzelnen

---

84 Vgl. Barton, T.; Burkhard, E.; Herrmann, F.; Müller, C.; Schuler, J. (2012), S. 88.
85 Vgl. Bedner, M. (2013), S. 35.
86 Vgl. Waschke, M. (2012), S. 51.
87 Vgl. Franke, M. R. (2017), S. 43.
88 Vgl. Bedner, M. (2013), S. 36.
89 Vgl. Münzl, G.; Pauly, M.; Reti, M. (2015). S. 9.

Ebenen werden als „Infrastructure-as-a-Service" (IaaS), „Platform-as-a-Service" (PaaS) und „System-as-a-Service" (SaaS) bezeichnet und decken einen Großteil der Cloud-Modelle ab.[90] Anhand der Bezeichnungen lässt sich feststellen, welche Gemeinsamkeit die Ebenen haben und damit ein wesentliches Charakteristikum des Cloud Computings ist: Alle zur Verwendung freigegebenen Ressourcen werden als Dienst zur Verfügung gestellt.[91] Die nachfolgende Grafik zeigt den Zusammenhang der Servicemodelle und wie diese im Kontext der im vorherigen Kapitel genannten Varianten stehen:

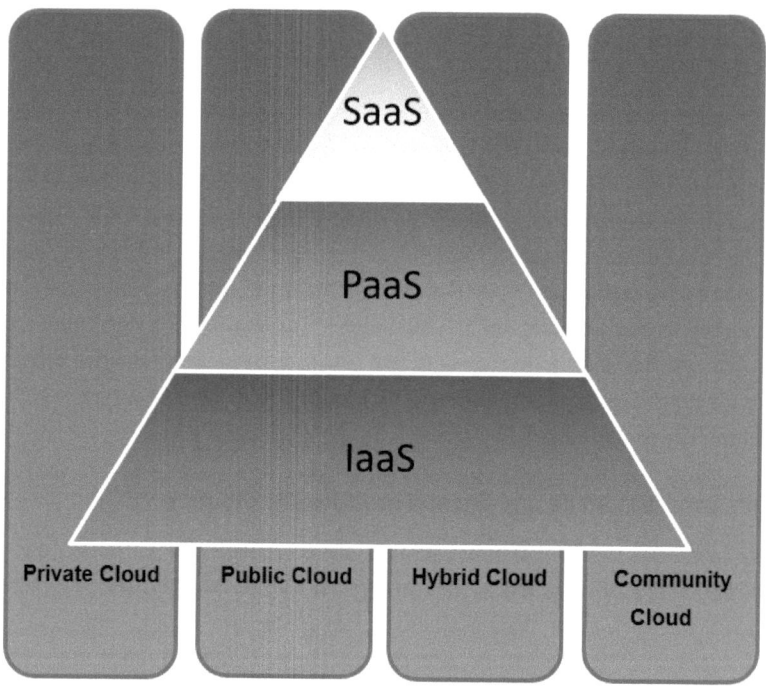

Abbildung 6: Verteilung der Service-Modelle im Kontext der Varianten des Cloud Computings[92]

---

[90] Vgl. Reinheimer, S. (2018), S. 9.
[91] Vgl. Bengel, G.; Baun, C.; Kunze, M.; Stucky, K.-U. (2015), S. 461.
[92] Eigene Darstellung in Anlehnung an Reinheimer, S. (2018), S. 8.

Anhand der Grafik ist zu erkennen, dass sich die Service-Modelle des Cloud Computings auf alle Varianten des Cloud Computings anwenden lassen können. In den nachfolgenden Unterkapiteln wird auf die jeweiligen Service-Modelle näher eingegangen.

3.4.1 Infrastructure as a Service (IaaS)

Bei Infrastructure as a Service (IaaS) handelt es sich um ein Modell, das die unterste Ebene darstellt, zu welcher ein Cloud Computing-Anwender Zugriff hat. Diese Ebene stellt die IT-Basisinfrastruktur als Dienst bereit. Hierbei kann der Nutzer von einem Anbieter elementare Ressourcen beziehen, welche die Implementierung weiterer Applikationen ermöglichen.[93] Der IT-Dienstleister/ - Anbieter kauft dabei die IT-Infrastrukturkomponenten, ist Eigentümer derer und verwaltet, wartet und administriert diese Infrastruktur, welche er an den Nutzer vermietet.[94] Die Infrastruktur kann bspw. Speicher, Netzwerkkapazitäten oder Rechenleistung sein.[95] Der Nutzer verwendet dabei die Ressourcen und gibt diese, nach Gebrauch, für andere Nutzer wieder frei. Die Ressourcen kann er bei IaaS nach seinem tatsächlichen Bedarf verwenden und verantwortet diese eigenständig.[96] Dabei muss er sich jedoch nicht darum kümmern, ob der Dienstleister die dafür notwendigen Ressourcen physisch besitzt. Dafür hat er einen i.d.R. einen SLA mit dem Anbieter geschlossen, wodurch dieser dem Nutzer die Ressourcen vertraglich zugesichert hat.[97] Ein Aspekt, den der Nutzer dabei berücksichtigen sollte, ist der Standort der beziehenden Ressource des Anbieters, da ggf. die Datenschutzregularien und rechtlichen Vorgaben berücksichtigt werden müssen. Auf diese Thematik wird in Kapitel 5.2.1 weiter eingegangen.

IaaS-Infrastruktur findet oftmals Verwendung, wenn die Infrastruktur sehr komplex und kostenintensiv wird und nicht mehr alleine (z.B. durch ein Unternehmen allein) geleistet werden kann.[98] Die Abrechnung dieses Service-Modells erfolgt

---

[93] Vgl. Adelmeyer, M.; Petrick, C.; Teuteberg, F. (2018). S. 4.
[94] Vgl. Reinheimer, S. (2018), S. 10.
[95] Vgl. Adelmeyer, M.; Petrick, C.; Teuteberg, F. (2018). S. 4.
[96] Vgl. Münzl, G.; Pauly, M.; Reti, M. (2015). S. 10.
[97] Vgl. ebd.
[98] Vgl. Reinheimer, S. (2018), S. 10.

mittels eines vom Anbieter festgelegten Preises pro Zeiteinheit je nach der benötigten Menge der Ressourcen.[99]

3.4.2 Platform as a Service PaaS

Aufbauend auf die IaaS-Ebene lässt sich die PaaS-Ebene aufsetzen, welche oftmals als Middleware bezeichnet wird. Diese Ebene bietet Entwicklungsplattformen und -werkzeuge, welche zur Entwicklung und dem Betrieb von Software benötigt wird. Innerhalb dieser Umgebung hat der Nutzer freie Gestaltungsmöglichkeiten auf der Plattform, welche er als Dienstleistung bezieht.[100] Der Dienstleister kümmert sich um die Wartung der Betriebssysteme, welche der Plattform zugrunde liegen, sowie der Administration der Systemsoftware. Der Nutzer ist an die vom Dienstleister vorgegebene Programmiersprache gebunden. Ebenfalls gibt der Dienstleister die architektonischen Rahmenbedingungen der Plattform vor.[101] Der Anwender entwickelt hierbei mithilfe standardisierter Frameworks Software, welche für die nächst höhere Ebene (Saas) genutzt werden kann. Die dafür notwendigen Ressourcen (z.B. Speicher, Rechnerleistung) werden durch den Anbieter bereitgestellt. Die Abrechnung der verwendeten Leistung erfolgt ebenfalls im Pay-per-Use-Prinzip.[102]

Die PaaS-Anbieter sind bestrebt, möglichst viele Software-Produzenten auf ihrer Plattform zu haben. Dies zum einen aus monetären, jedoch auch aus strategischen Gründen: Je mehr SaaS-Entwickler auf der PaaS-Umgebung arbeiten, desto präsenter ist die PaaS-Umgebung und demnach kann der PaaS-Anbieter seine Plattform als de-facto-Standard im Markt positionieren.[103] Da die Schnittstellen herstellerübergreifend nicht sehr ausgeprägt sind, macht sich der Software-Entwickler (als möglicher Kunde) vom Cloud-Plattform-Anbieter abhängig.[104] Die Abhängigkeit wird insb. auch dadurch deutlich, dass die Designerstellung, das Testen, die Implementierung und die Verteilung der Software in der gleichen Cloud (in der PaaS-Ebene) durchgeführt wird.[105]

---

[99] Vgl. Hilber, M. (2014), S. 39.
[100] Vgl. Münzl, G.; Pauly, M.; Reti, M. (2015). S. 10.
[101] Vgl. Bengel, G.; Baun, C.; Kunze, M.; Stucky, K.-U. (2015), S. 463.
[102] Vgl. Hilber, M. (2014), S. 64.
[103] Vgl. Münzl, G.; Pauly, M.; Reti, M. (2015). S. 11.
[104] Vgl. ebd.
[105] Vgl. Reinheimer, S. (2018), S. 11.

3.4.3 Software as a Service SaaS

Die dritte Ebene, welche die höchste Abstraktion der Ebenen des Cloud Computings darstellt, wird als Software as a Service (SaaS) bezeichnet. Auf dieser Ebene werden dem Anwender standardisierte Anwendungen bereitgestellt, welche er direkt nutzen kann. Die Software wird mithilfe des Internets sowie einem Service-Anbieter zur Verfügung gestellt ohne dass diese lokal auf dem Nutzer-Client installiert werden muss.[106] Die Anwendung wird meist mit den dazugehörigen Services aus der PaaS-Ebene sowie der IaaS-Ebene mitgeliefert. Hierfür ist es erforderlich, dass die Anwendung in einem einheitlichen PaaS-Systemumfeld entwickelt wurde, um einer Schnittstellenproblematik auszuweichen.[107]

Der Anwender benötigt für die Ausführung der Anwendung oft lediglich einen Browser, um die Software aufzurufen. Die Anforderung an die Rechenleistung der Clients beim Endanwender kann sehr gering sein, da die eigentliche Rechenleistung auf der Infrastruktur des Dienstanbieters erfolgt. Die Administration, Installation, Updates und meist auch die Speicherung der Daten obliegen dem Softwareanbieter und werden vertraglich mit dem Endanwender vereinbart.[108] Die Art der Nutzung erfolgt auf Basis eines Dienstleistungsmodells, welches ebenfalls, wie alle anderen Servicemodelle auch, als Pay-per-Use-Prinzip verrechnet wird. Der Anwender hat bei SaaS-Anwendungen kein klassisches Lizenzmodell und somit kein individuelles Nutzungsrecht an der Anwendung, stattdessen findet die Nutzung im Multi-Mandanten-Modus statt. Dies ist, wie in Kapitel 3.2 beschrieben, ebenfalls eine wesentliche Eigenschaft des Cloud Computings.[109]

---

[106] Vgl. Reinheimer, S. (2018), S. 11.
[107] Vgl. Barton, T.; Burkhard, E.; Herrmann, F.; Müller, C.; Schuler, J. (2012), S. 84.
[108] Vgl. Bengel, G.; Baun, C.; Kunze, M.; Stucky, K.-U. (2015), S. 462.
[109] Vgl. Barton, T.; Burkhard, E.; Herrmann, F.; Müller, C.; Schuler, J. (2012), S. 84.

4 Server based Computing

Nachdem im vorherigen Kapitel das Cloud Computing analysiert wurde, ist es nun sinnvoll, den „Gegenspieler" dieser Thesis, das Server based Computing, genauer zu analysieren. Wie in Kapitel 2.2 kurz beschrieben, bildet das SbC ein Teil eines Client-Server-Systems, weshalb dieses grundlegende Konstrukt in den nächsten Unterkapiteln ebenfalls erläutert wird. Bevor dies geschieht, wird zur Vereinfachung der Darstellung der Systeme ein bestimmtes Modell der Architektur zugrunde gelegt. Man kann verteilende Computersysteme, welche beim Client-Server-Modell und demnach auch beim SbC vorliegen, zusätzlich als ein Schichten-Modell darstellen.[110] Eine Möglichkeit dafür stellt ein Drei-Schicht-System dar:

1. Präsentationsschicht
2. Anwendungslogik
3. Persistenzschicht

Die Präsentationsschicht stellt die Schicht dar, welche direkt mit dem Endnutzer in Verbindung steht. In dieser werden Daten meist visuell dargestellt und Interaktionsmöglichkeiten durch eine Anwendung bereitgestellt. In der Persistenzschicht werden die vom Endnutzer gewünschten Daten strukturiert und systematisch abgelegt. Die mittlere Schicht, die Anwendungslogik, „vermittelt" zwischen den beiden zuvor genannten Schichten. Die Daten und Interaktionen des Nutzers werden in Richtung Persistenzschicht verarbeitet und die Daten aus der Persistenzschicht an den Endnutzer weitergeleitet.[111]

4.1 Client-Server-System

Ein Client-Server-System besteht aus zwei logischen Elementen: Einem oder mehrere Clients und einem oder mehreren Servern, welche Prozesse, Daten und/oder Services zur Verfügung stellen.[112] Der Server fungiert hierbei als eine Datenmanagement-Zentrale, bei welcher der Endnutzer mithilfe von Clients eine Zugangsmöglichkeit zur Daten-Zentrale erhält.[113] Der Client ist in diesem Kontext

---

[110] Vgl. Chantelau, K.; Brothuhn, R. (2010), S. 38 f.
[111] Vgl. ebd.
[112] Vgl. Bengel, G. (2014), S. 22 f.
[113] Vgl. Stingl, C. (2006), S. 7.

der Konsument, der Server ist der Produzent von Daten. Dies bedeutet, dass der Client eine Anfrage (request) an den Server schickt, der die Anfrage prüft, weiterverarbeitet, auswertet und ggf. an den Client antwortet (reply). Die Antwort erfolgt meist so aufgearbeitet, dass diese durch den Client für den Endnutzer grafisch lesbar ausgegeben werden kann.[114] Die Administration, Verwaltung der Anwendungen, Updatemanagement, Systemwartung etc. findet zentralisiert am Server statt.[115]

Auf die einzelnen Elemente Client und Server wird in den nachfolgenden Unterkapiteln eingegangen.

4.1.1 Clients

Bei Eingabegeräten, welche mit dem Server interagieren, kann grob zwischen zwei Hauptkategorien von Clients unterschieden werden: dem Thin Client, dem Fat Client und dem monolithischen System, das selbst kein Client ist, jedoch zur Übersicht hier mit aufgeführt wird.[116] Die nachfolgende Grafik zeigt schematisch eine Aufteilung des zuvor beschrieben Schichten-Modells und welches Client-Modell entsprechend für die jeweilige Schicht zuständig ist. Die Zuständigkeit ist anhand der grauen Farbe zu erkennen, die jeweilige Schicht ist in den einzelnen Farben, wie links beschrieben, dargestellt:

---

[114] Vgl. Chantelau, K.; Brothuhn, R. (2010), S. 40.
[115] Vgl. Stingl, C. (2006), S. 7.
[116] Neben diesen beiden Clientarten existieren noch einige weitere Mischformen, welche jedoch nur gering voneinander abweichen und im Wesentlichen die Haupteigenschaften der beiden Client-Modelle unterschiedlich kombinieren. Auf ihre Auflistung sowie die Detaillierung wird an dieser Stelle verzichtet, da sie nicht relevant für die Arbeit ist.

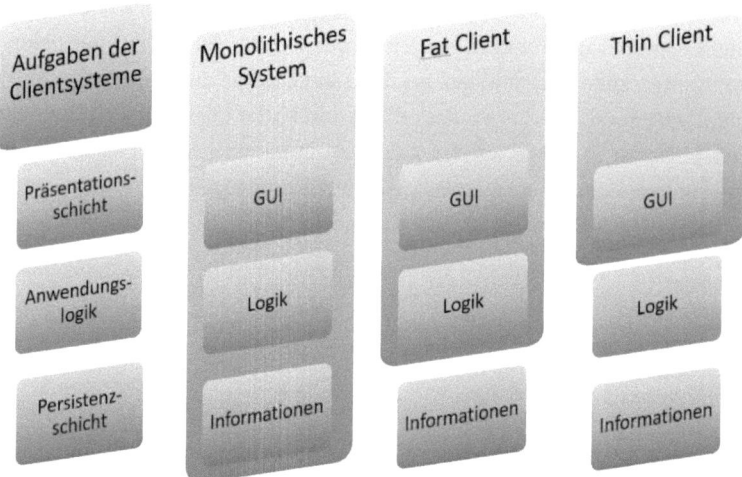

Abbildung 7: Gegenüberstellung und Aufgabenverteilung der Client Systeme[117]

4.1.1.1 Thin Clients

Bei einem Thin Client handelt es sich, wörtlich betrachtet, um einen „dünnen Dienstnutzer". Das Endgerät ist funktionell darauf ausgerichtet, dass es Eingaben und Ausgaben von Daten und Informationen tätigt, also die Aufgaben einer Benutzungsschnittstelle wahrnimmt.[118] Der Thin Client übernimmt die Aufgaben der Präsentationsschicht, die Realisierung der Anwendungslogik und der Persistenzschicht jedoch werden von anderen, oftmals auch mehreren, Systemen übernommen. Hierbei tritt das System mithilfe einer grafischen Bedienoberfläche in Verbindung mit dem Endnutzer und lässt diesen virtuell auf dem Server als Endsystem interagieren. Der Thin Client selbst hat nur eine geringe „Eigenintelligenz", da die Daten auf dem Server verarbeitet werden, was dazu führt, dass der Server stärker belastet wird.[119] Dadurch, dass die Daten komplett über den Server bezogen werden, bedarf es i.d.R. keines Datenspeichermediums auf einem Thin Client. Durch den oftmals fehlenden Datenspeicher ist kein Betriebssystem auf den Thin Clients installiert. Das Betriebssystem kann entweder über eine sog. Flashcard

---

[117] Eigene Darstellung in Anlehnung an Chantelau, K.; Brothuhn, R. (2010), S. 41.
[118] Vgl. Clausen, J. (2013), S. 5.
[119] Vgl. Chantelau, K.; Brothuhn, R. (2010), S. 41.

oder über das zum Server angeschlossene Netzwerk gestartet werden.[120] Über die zentrale(n) Servereinheit(en) werden Software-Releases implementiert. Die Aktualisierung auf den Thin Clients ist aus den zuvor genannten Gründen nicht notwendig. Diese Abhängigkeit des Servers hat zur Folge, dass die Serverbelastung und die Netzwerkbelastung höher ist als bei anderen Client-Typen, da mehr Ressourcen für den Betrieb benötigt werden.[121] Es sind nur wenige „bewegliche" Teile im Client verbaut, was den Verschleiß eines solchen Clients sehr minimiert. Dies und die Tatsache, dass die eigentliche Rechenleistung ausschließlich auf dem Server stattfindet und die dafür notwendigen Kapazitäten bereitgestellt werden, machen diese Client-Art lange nutzbar.[122]

4.1.1.2 Fat Clients

Verglichen mit einem Thin Client, handelt es sich bei einem Fat Client um einen komplett ausgestatteten und mit einem starken Prozessor versehenen Computer. Dies bedeutet, dass der Fat Client Festplatten sowie weitere Laufwerke für einen eventuellen Datenaustausch besitzt und diese aktiv selbst benutzen kann. Diese Ressourcen werden jedoch meist, wenn ein Fat Client in einem Client-Server-System verwendet wird, deaktiviert, sodass er ebenfalls als Thin Client agieren kann.[123] Sollte dies nicht geschehen, werden die Aufgaben des Thin Clients um die Ebene der Anwendungslogik erweitert. Dabei werden die Daten auf dem Client ganz oder teilweise verarbeitet. Dies hat zur Folge, dass der Server entlastet wird, da die Verarbeitung der Daten nicht mehr zentralisiert über den Server erfolgt und somit weniger Ressourcen des Servers benötigt werden.[124] Gibt es eine Trennung in der Anwendungs-/Applikationslogik spricht man vom cooperative processing. Wie dem Namen entnommen werden kann, gibt es eine Kooperation, welche zwischen dem Server und dem Fat Client stattfindet. Bei dieser Trennung findet jedoch auch eine Verarbeitung von Daten statt, welche sich auf dem Client befinden.[125] Die für die Verarbeitung notwendigen Anwendungen und Applikationen müssen auf dem Client installiert und gewartet werden. Der Fat Client kann

---

[120] Vgl. Clausen, J. (2013), S. 5.
[121] Vgl. Abts, D. (2015), S. 11.
[122] Vgl. Clausen, J. (2013), S. 5.
[123] Vgl. Stingl, C. (2006), S. 7.
[124] Vgl. Chantelau, K.; Brothuhn, R. (2010), S. 42.
[125] Vgl. Bengel, G. (2014), S. 14.

jedoch die Applikationen über den Server beziehen und diese auf dem eigenen System lokal installieren. Dieser Schritt muss vor der eigentlichen Verwendung stattfinden, da sonst eine Verarbeitung nicht möglich ist.[126] Die für die Verarbeitung notwendigen Daten können, wenn eine Trennung zwischen Anwendungslogik und Datenmanagement stattfindet, von einem sog. Datenbankserver gezogen werden.[127] Weitere Details zum Datenbankserver sind in Kapitel 4.1.2 wiederzufinden.

4.1.1.3 Monolithisches System

Wenn keine Aufgaben zwischen Server und Client aufgeteilt werden, handelt es sich um ein monolithisches System. In einem solchen System werden alle Aufgaben vom System selbst in Interaktion mit dem Endanwender durchgeführt.[128] In einem monolithischen System bzw. in einer monolithischen IT-Architektur sind die Strukturen so eng miteinander verzahnt, dass keine einzelnen Systeme erkennbar sind und das System und die Softwarefunktionen als großer Block gesehen wird.[129] Für die Nutzung des Systems werden Schnittstellen, Daten, Algorithmen etc. benötigt, die auf dem System gemeinsam vereint sind. Die Wartung des Systems muss am Client selbst erfolgen, da sich eine Schnittstelle außerhalb befindet und die Kommunikation mit anderen Endgeräten schwierig ist. Dies ist dadurch bedingt, dass es keine vorhandene Abgrenzung innerhalb des Systems gibt, wodurch auch die Arbeitsteilung der Prozesse und User nur schwierig zu gestalten ist. Durch die Inflexibilität und aufgrund stets steigender Hardwareanforderungen sind monolithische Systeme heute sehr rar geworden.[130]

---

[126] Vgl. Chantelau, K.; Brothuhn, R. (2010), S. 42.
[127] Vgl. Bengel, G. (2014), S. 14.
[128] Vgl. Chantelau, K.; Brothuhn, R. (2010), S. 42.
[129] Vgl. Ten Hompel, M; Schmidt, T. (2008), S. 222.
[130] Vgl. Ten Hompel, M; Schmidt, T. (2008), S. 223.

4.1.2 Server

Ein Server ist ein System, das einen Dienst für andere Systeme (Clients) zur Verfügung stellt. Dabei arbeitet der Server jedoch zunächst passiv, da er auf eine Eingabe über den Client wartet und nicht aktiv mit dem Client kommuniziert.[131] Ein Server kann von mehreren Clients gleichzeitig bedient werden ohne dass die Kunden an den Clients Kenntnis darüber haben, dass sie auf dem gleichen Server interagieren.[132] Dies ist dadurch möglich, dass die Verbindung und dementsprechend der Austausch über ein Netzwerk erfolgt. Auf diese Weise sind mehrere Zugriffsmöglichkeiten und die Verteilung der Daten auf mehrere Endgeräte möglich.[133] Damit jedoch die Benutzer nicht unberechtigt auf die Daten der anderen Nutzer zugreifen können, gibt es bestimmte Sicherungen. Eine Möglichkeit ist bspw. die Sicherung über eine Zugriffskontrolle, bei der mittels eines Benutzer-/Berechtigungskonzepts der Zugang kontrolliert wird.[134]

Ein Server hat die Möglichkeit, mit einem anderen Server zu interagieren. Hierbei wird das Zugriffsgerät als Client verwendet, wodurch es dann erneut zu einer klassischen Client-Server-Systematik kommt, ohne dass ein wirklicher Client beteiligt ist. Durch eine solche Verknüpfung ist es möglich, eine mehrschichtige IT-Architektur zu betreiben.[135]

Es gibt sehr viele unterschiedliche Server-Arten. In den nachfolgenden Textbereichen werden einige der Server-Arten näher beschrieben. Es handelt sich dabei um Server-Arten, welche eine klassische Infrastruktur eines Unternehmens mit eigenem Rechenzentrum besitzen. Es werden die wesentlichen Eigenschaften des Terminalservers beschrieben, anschließend folgen lediglich wesentliche Änderungen verglichen mit den anderen Server-Arten. Die Relevanz ergibt sich daher, dass die Server-Arten analoge Eigenschaften zu den Cloud-Modellen aufweisen. Bei den vergleichbaren analogen Eigenschaften geht es hauptsächlich um die Themen Speicherplatz/Dateiablage, Client-Anbindungsmöglichkeiten, Verarbeitung von Dateien, Nutzungsmöglichkeiten von Anwendungen und Applikationen.

---

[131] Vgl. Chantelau, K.; Brothuhn, R. (2010), S. 40.
[132] Vgl. Bengel, G. (2014), S. 23.
[133] Vgl. Chantelau, K.; Brothuhn, R. (2010), S. 41.
[134] Vgl. Stingl, C. (2006), S. 7.
[135] Vgl. Chantelau, K.; Brothuhn, R. (2010), S. 41.

4.1.2.1 Terminalserver

Ein Terminalserver verwaltet, wie der Name selbst es beschreibt, Terminals und Clients. Die Idee hinter Terminalservern ist es, verteilte Systeme koordiniert zu administrieren, zu verwalten und zu kontrollieren. Dabei werden insb. Thin Clients mit den Ergebnissen bedient, welche in den Serverlandschaften verarbeitet wurden. Die eigentliche Rechenleistung erfolgt dabei ausschließlich auf den Servern. Wie in Kapitel 4.1.1 beschrieben dient der Client lediglich als Ein-/Ausgabemedium.[136] Damit dies erfolgen kann, befindet sich auf dem Terminalserver, der zentralen Einheit, eine Software, welche einzelnen Clients unterschiedliche Applikationen mittels eines Netzwerks zur Verfügung stellt.[137] Durch die Zentralisierung von Ressourcen und Betriebsmitteln ist die Verwaltung und Administration derer vereinfacht. Bei den Ressourcen handelt es sich u. a. um Rechenleistung, Hauptspeicher und Datenspeicher.[138] Wesentlich für den Betrieb eines Terminalservers ist seine Performance. Eine Anwendung über einen Terminalserver darzustellen erfordert hohe Ansprüche und Ressourcen an den Rechner, damit diese reibungslos läuft.[139] Wenn dieser Sachverhalt gegeben ist, bemerkt der Endnutzer möglicherweise nicht einmal, dass er mit einem Server arbeitet, da die Benutzeroberfläche wie bei einem Fat Client aussehen kann und die Anwendungen ebenfalls wie eine lokal installierte Version aussehen können. Ein Terminalserver kann, in Abhängigkeit der Leistungsfähigkeit des Severs, mehrere Clients gleichzeitig bedienen.[140]

4.1.2.2 Datenbankserver

Bei einem Datenbankserver werden, anders als bei einem Dateiserver, nicht nur Dateien zentralisiert verwaltet, sondern auch fertige Tabellen und andere Datenbanken, welche bereits fertig programmiert und einsetzbar sind.[141] Ein großer Teil der aktuellen Datenbankserver wird dafür verwendet, innerhalb einer Client-Server-Umgebung entsprechende Applikationen zu erstellen und zu entwickeln. Um dies verwalten zu können und um mit dem Datenbankserver arbeiten zu kön-

---

[136] Vgl. Mandl, P. (2014), S. 40.
[137] Vgl. o.V. IT-Administrator.de: Terminalserver Grundlagen, Aufruf am 14.06.2019.
[138] Vgl. Mandl, P. (2014), S. 40.
[139] Vgl. o.V. IT-Administrator.de: Terminalserver Grundlagen, Aufruf am 14.06.2019.
[140] Vgl. Mandl, P. (2014), S. 40.
[141] Vgl. Niemann, K. D. (2012), S. 34 f.

nen, befindet sich eine bereits installierte Datenbankengine auf dem Server. Die Datenbankengine stellt verschiedene Instanzen der Datenbank zur Verfügung. Dem Endanwender werden mithilfe des Clients vollständig bearbeitete, ganze Dateien bereitgestellt. Der Client muss jedoch eine Software haben, welche es ermöglicht, auf die Datenbanken des Servers zuzugreifen.[142] Mithilfe eines Systemservices auf den Endclients wird sichergestellt, dass nicht jede PC-Datenbank automatisch eine Serverdatenbank ist und durch eine zentralisierte Installation eines Datenbankservices auf dem Datenbankserver wird der Zugriff zu Datenbanken anderer Nutzer eingeschränkt.

4.1.2.3 Anwendungsserver/ Applicationserver

Die für ein Client-Server-Modell notwendigen Komponenten benötigen eine Umgebung, die einen geregelten Ablauf darstellt. Diese Umgebung wird als Anwendungsserver oder auch Applicationserver bezeichnet.[143] Ein Anwendungsserver ähnelt von der Funktionalität einem Datenbankserver. Zusätzlich zu den Funktionalitäten des Datenbankservers, können bei einem Anwendungsserver Anwendungen ausgeführt werden. Bei den Anwendungen handelt es sich zum Beispiel um Auswertungen oder Reports, die erstellt werden. Dabei werden komplexe Aufgaben auf dem Anwendungsserver verarbeitet und dem Client oder einem anderen Endgerät aufbereitet zur Verfügung gestellt.[144] Zudem bieten Anwendungsserver Basisdienste wie Transaktionsdienste, Sicherheitsdienste oder Dienste der Persistenzschicht an den Endanwender. Diese Serverart verwaltet einen Pool von Prozessen und ordnet diese Prozesse den jeweiligen Komponenten aktiv zu. Anwendungsserver arbeiten mit dem Konzept der Objekt- und Komponentenorientierung: Dabei werden Anwendungen/Applikationen in Komponenten aufgeteilt und mit entsprechenden Schnittstellen zu externen Clients versehen. Mithilfe dieser Schnittstellen ist die Kommunikation über eine Netzwerkverbindung zu den Clients möglich, welche die Anwendungen/Applikationen ausführen können. Auf dem Client muss lediglich eine Software vorliegen, welche die Kommunikation mit dem Anwendungsserver ermöglicht.[145] Das Zusammenspiel zwischen Client, Anwendungsserver und Datenbankserver wird vom Anwendungsarchitekten

---

[142] Vgl. Cattini, R.; Kammermann, M.; Zaugg, M. (2016), S. 249.
[143] Vgl. Mandl, P. (2009), S. 114.
[144] Vgl. Cattini, R.; Kammermann, M.; Zaugg, M. (2016), S. 249.
[145] Vgl. Mandl, P. (2009), S. 114.

weitgehend vorgegeben. Anwendungsserver und Datenbankserver müssen nicht die gleiche Hardware sein: Der Datenbankserver kann ausgelagert werden und versorgt den Anwendungsserver mit den notwendigen Daten.[146] Die Einspeisung der Daten erfolgt über eine Datenbank, welche auf einem File-/Datenbankserver, zu welchem ebenfalls Schnittstellen existieren.[147]

4.1.2.4 Dateiserver

Wenn mehrere Arbeitsstationen und Nutzer im gleichen Netzwerk arbeiten ist es sinnvoll, dass sie auf die gleichen Dateien zugreifen können, vorausgesetzt, der Nutzer hat die entsprechende Berechtigung für die Nutzung der Daten. Eine Speicherung auf lokalen Datenträgern ist dann nicht sinnvoll, sondern es wird ein zentralisiertes System benötigt, ein sog. Dateiserver auch Fileserver genannt.[148] Viele heute im Umlauf befindliche Server werden ausschließlich als eine solche zentralisierte Ablagemöglichkeit für Dateien verwendet. Die klassischen Eigenschaften einer Client-Server-Architektur existieren hier nicht. Es liegt aber der Leitgedanke vor, Hardwareressourcen, in diesem Falle Dateispeichermöglichkeiten, zentralisiert bereitzustellen. Der Dateiserver muss dabei ausreichend Speicherkapazität bieten und den schnellen Zugriff über Clients ermöglichen. Meist liegt ein dedizierter Rechner vor, auf welchem die anderen Clients Zugriff mittels einer dafür vorgesehenen Systemschnittstelle auf die Festplatte des dedizierten Rechners zugreifen.[149] Heutige Installationen von Dateiservern haben den Charakter von Netzwerkbetriebssystemen, da einige Funktionalitäten hinzukamen: Ergänzende Funktionalitäten, um die Sicherheit des Servers zu wahren, ein Benutzer-/Rechtekonzept zu implementieren, Datensicherungskonzepte etc. sind hinzugekommen und ermöglichen so eine professionellere Nutzung des Servers. Die eigentliche Grundidee, die gemeinsame Nutzung der Plattenkapazität durch mehrere Benutzer, bleibt weiterhin bestehen.[150]

Durch Dateiserver ist es möglich, zentralisiert eine Datensicherung durchzuführen. Dabei ist es sinnvoll, einige Anforderungen für den Server vorzugeben, welche hier kurz aufgelistet werden:

---

[146] Vgl. Cattini, R.; Kammermann, M.; Zaugg, M. (2016), S. 249.
[147] Vgl. Mandl, P. (2009), S. 114.
[148] Vgl. Cattini, R.; Kammermann, M.; Zaugg, M. (2016), S. 220.
[149] Vgl. Niemann, K. D. (2012), S. 32.
[150] Vgl. Niemann, K. D. (2012), S. 33.

- Zugriffsrechtesteuerung, z.B. durch Verzeichnisdienst mit Benutzeridentifiktion
- File locking (Dateisperre, wenn diese schon aufgerufen ist) bei gleichzeitigem Zugriff muss vorliegen
- automatisierte, regelmäßige Backups der Dateien
- Versionierung der Dateien und Herstellbarkeit der Vorgängerversionen
- Indexierungsmöglichkeiten sollten vorliegen
- Ausfallsicherheit durch vorliegende Redundanz

Zudem gilt, dass der Dateiserver die vom Client genutzten Kommunikationsmöglichkeiten unterstützen muss, damit ein Austausch stattfinden kann. Da viele Clients bedient werden können, ist der Traffic auf dem Dateiserver, weshalb es eine höhere Netzwerkgeschwindigkeit auf dem Dateiserver bedarf.[151]

4.2 Charakteristika des Server based Computings

Das SbC ist, wie zuvor in dieser Thesis bereits erwähnt, eine spezielle Form der Client-Server-Architektur. Die nachfolgende Grafik zeigt dabei das Grundkonstrukt dieser IT-Architektur-Form aus der bereits einige Ähnlichkeiten zu erkennen sind:

---

[151] Vgl. Cattini, R.; Kammermann, M.; Zaugg, M. (2016), S. 220.

Server based Computing

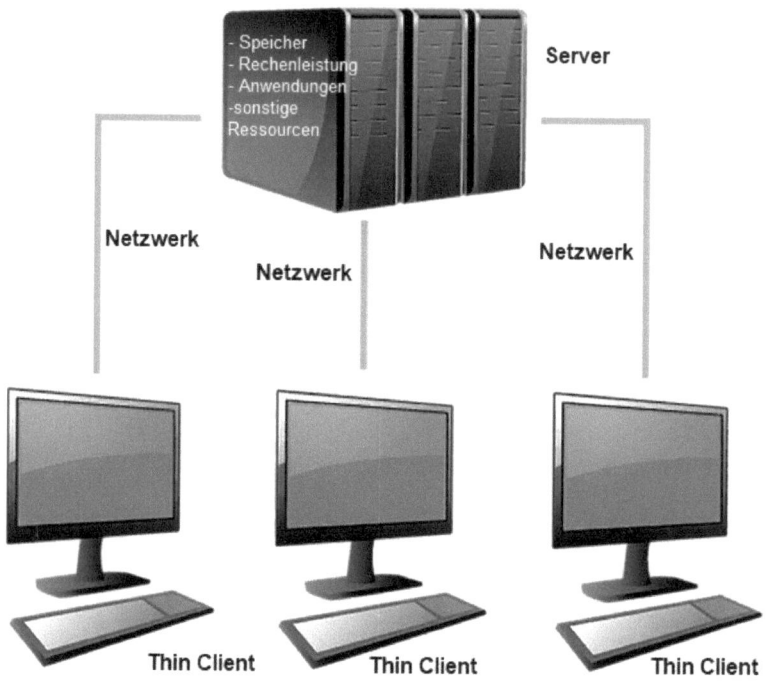

Abbildung 8: Grundkonstrukt Server based Computing[152]

Bei unternehmensinternen IT-Infrastrukturen ist ein Trend zu zentralisierten IT-Ressourcen zu erkennen. Dabei werden Anwendungen auf den zentralisierten Servern installiert, über welche mittels leistungsreduzierter Endgeräte zugegriffen werden kann. Verstärkt wird die Nutzung dieses Systemmodells durch die Nutzung webbasierter Anwendungen.[153] Das Grundkonzept des SbC ist, wie in Abbildung 7 ersichtlich, dass auf einem zentralen und leistungsstarken Server viele Benutzer gleichzeitig angemeldet sein können und Interaktionen mit den dort installierten Anwendungen durchführen können.[154] Der Zugriff auf den Server erfolgt mittels eines Netzwerks und Clients, welche einfach zu verwalten und gering ausgestattet sein können. Die Annahme beim SbC ist, dass sämtliche Daten

---

[152] Eigene bearbeitete Darstellung, aufgrund der Erkenntnisse aus Stingl, C, (2006), S.8 ff. in Anlehnung an Pixabay GmbH, aufgerufen am 10.06.2019.
[153] Vgl. Christmann, S.; Hagenhoff, S. (2010), S. 21.
[154] Vgl. Stingl, C. (2006), S. 8.

und Anwendungen auf dem Server für den Endanwender durch ein entsprechendes Endgerät bereitgestellt werden. Endgeräte können entweder Fat Clients oder Thin Clients sein, wobei eine Verarbeitung von Daten, unabhängig der Clientart, ausschließlich auf dem Server stattfindet, weshalb es auch bei einem Fat Client nicht zu einer lokalen Verarbeitung von Daten kommt (anders als beim klassischen Client-Server-Modell).[155] Der detaillierte Prozessablauf ist dabei folgender: Über den Client wird eine Sitzung zum Terminalserver gestartet, daraufhin sieht der Endanwender die Benutzeroberfläche des Servers mittels seines Endgeräts. Per Eingabegerät (Maus/Tastatur) werden Befehle über das Netzwerk an den Terminalserver übertragen.[156] Diese Befehle werden auf dem Server koordiniert, verarbeitet und das Ergebnis an den Client zum Endanwender geschickt. Die Übertragung findet durch das Remote-Desktop-Protokoll statt, welches anhand virtueller Kanäle ermöglicht, Druckinformationen, Server- und Clientzwischenablagen zu übertragen. Die Übertragung erfolgt dabei verschlüsselt.[157] Alle Programme und Datenverarbeitungen finden nach der Übertragung auf Großrechner im Rechenzentrum statt und werden anschließend aufbereitet an den Client gesendet, welcher das Ergebnis darstellen muss. Hier bedient sich das SbC häufig der Thin Client Architektur, wodurch der Thin Client als Datensichtgerät genutzt wird, um die Arbeitsoberfläche des Servers und die Ergebnisse darzustellen.[158]

Durch SbC kommt es zu einer Dezentralisierung der Nutzungsmöglichkeit der Systeme bei gleichzeitiger Zentralisierung von Daten und Anwendungen. Die Art und Weise, welche Serverart und welche Clientvariante vorliegt, hängt von der Auswahl des jeweils anderen Systems ab. Die genauen Zuständigkeiten und Ressourcen müssen geplant sein, damit eine Kosteneffizienz gegeben ist.[159] Ein kostengünstiger Thin Client ist für die Umsetzung der Anforderungen ausreichend, da Ressourcen wie Festplattenspeicher sowie die Rechnerleistung nicht mehr lokal benötigt werden und die Anwendungsprogramme auf dem zentralen Server abrufbar sind. Die Anwendungen müssen dabei multiuserfähig sein, damit diese Anwendungen an alle potentiellen Endanwender zur Verfügung gestellt werden

---

[155] Vgl. Brauer, J. (2014), S.329.
[156] Vgl. Göbel, C. (2014), S. 7.
[157] Vgl. Stingl, C. (2006), S. 10.
[158] Vgl. Göbel, C. (2014), S. 7.
[159] Vgl. Christmann, S.; Hagenhoff, S. (2010), S. 22.

können. Dies kann beim SbC eine Anzahl von 40 Personen und mehr sein.[160] Bei Anwendungen ist es möglich, dass hinter dem Anwendungsserver Technologien des Cloud Computings stehen, wie bspw. das Grid Computing. Hier kann sich der Server für die Verarbeitung notwendige Ressourcen extern ziehen, auf dem Server verarbeiten und anschließend das Ergebnis an das Endgerät übermitteln.[161] Die häufigste Variante ist allerdings, dass SbC eine Access-Infrastruktur mit leistungsstarken Servern und günstigen Thin Clients ist, da dies eine kostensparende Variante darstellt. Die Kostenersparnis erfolgt insbesondere aus diesen Gründen:

- günstige Thin Clients
- komplette Zentralisierung des IT-Managements ist möglich, dadurch schnellere Softwareaktualisierungen und Wartung der Systeme
- zentrale Verantwortung für die (Informations-)Sicherheit
- Software-Standardisierung ist möglich
- Produkt-Lebenszyklen der Thin Clients sind länger (wie in Kapitel 4.1.1 erwähnt)
- geringere Netzwerkverbindung notwendig, da nur Eingaben und Ausgaben übertragen werden müssen[162]

SbC ist im Bereich des mobilen Zugangs ebenfalls interessant: Aufgrund der geringen Ressourcen am Endgerät, können die Daten nicht alle lokal abgelegt werden. Zudem wäre die Verarbeitung der lokalen Daten zu aufwendig, weil zu hohe Prozessorleistung, zu viel Arbeitsspeicher sowie mehr Energie benötigt wird, als dass sie auf den mobilen Endgeräten verfügbar wäre. Ein Datenabgleich zwischen dem mobilen Endgerät und anderen Stationen entfällt, da die Daten auf dem zentralen Server abgelegt werden. Durch die Zentralisierung der Daten, besteht ein höherer Diebstahlschutz, da ein Abgriff von lokalen Daten vermieden wird und der Zugang zum zentralen Server lediglich deaktiviert werden muss, um das Endgerät auszuschließen.[163] Möglich ist dies dadurch, dass jeder Client einen sicheren Zugriff auf den Server, unabhängig ob Inhouse oder per Internet, hat. Bevor man auf den Server zugreift wird der Sicherheitsstatus der Endgeräte und dessen Zu-

---

[160] Vgl. Clausen, J. (2010), S. 5.
[161] Vgl. Christmann, S.; Hagenhoff, S. (2010), S. 24.
[162] Vgl. DATACOM Buchverlag GmbH – Server-based-Computing, aufgerufen am 21.06.2019.
[163] Vgl. Christmann, S.; Hagenhoff, S. (2010), S. 24.

griffsrechte automatisiert geprüft und anschließend wird der für den Zugang berechtigte Content angezeigt oder der Zugriff abgelehnt.[164]

4.3 On-Premises

Bei On-Premises handelt es sich um ein bestimmtes Software-Lizenz-Modell, das eine lokale Installation auf den eigenen Servern oder den lokalen Rechnern vorsieht. Die On-Premise-Variante ist das traditionelle Software-Format, welches üblicherweise vertrieben wurde.[165] Hierbei erwirbt der Lizenznehmer durch Kauf oder Miete die Software und betreibt diese auf seiner eigenen IT-Infrastruktur und unter eigener Verantwortung. Wichtig ist, dass die Software nicht auf der Hardware des Softwareanbieters betrieben wird. Auch die Verwaltung, Installation und Wartung obliegt dem Softwarekäufer. Durch die Eigenverwaltung und Administration ist die Software an das vorgesehene Einsatzgebiet anpassbarer, was langfristig einen Vorteil bieten kann.[166] On-Premise bildet den Gegenpart zum SaaS-Servicemodell[167], welches bereits in dieser Arbeit beschrieben wurde. Bei On-Premise geht die Verantwortung der Software bei Kauf auf den Erwerber über, während es bei SaaS dem CSP obliegt. Dadurch, dass die Software Inhouse betrieben wird, ist auch die Datensicherheit höher, da die Daten das eigene Unternehmen nicht verlassen.[168]

---

[164] Vgl. DATACOM Buchverlag GmbH – Server-based-Computing, aufgerufen am 21.06.2019.
[165] Vgl. Weber, G.; Bodemann, M. (2018), S. 43.
[166] Vgl. Vogel Communications Group - Definition: On-Premises (On-Prem) Was ist On-Premises?, aufgerufen am 22.06.2019.
[167] Vgl. ebd.
[168] Vgl. Weber, G.; Bodemann, M. (2018), S. 44.

5 Rechtliche Analyse der Systemmodelle

Nachdem nun die einzelnen Charakteristika und Bestandteile der jeweiligen Systemmodelle dargelegt wurden, werden nun die Aspekte des Datenschutzes sowie der Informationssicherheit ermittelt. Es wird zunächst der Bereich der Informationssicherheit bearbeitet, bevor das Thema des Datenschutzes analysiert wird. In einigen Punkten gibt es Überschneidungen, was daran liegt, wie in Kapitel 2.3 kurz erwähnt, dass Informationssicherheit die Sicherheit von Daten beinhaltet und der Datenschutz personenbezogene Daten, also ebenfalls Daten, inkludiert.

5.1 Rechtliche Analyse aus Sicht der Informationssicherheit

Bevor die rechtlichen Anforderungen zur Informationssicherheit der jeweiligen Systemmodelle erläutert werden, ist es sinnvoll herauszufinden, weshalb das Thema Informationssicherheit für Unternehmen überhaupt relevant ist. Dafür werden zunächst die gesetzlichen und aufsichtsrechtlichen Grundlagen aufgeführt, weshalb es generell notwendig ist, das Thema Informationssicherheit zu bearbeiten.

Die Verpflichtung für alle Unternehmen, sich mit der Thematik der Informationssicherheit auseinanderzusetzen ergibt sich aus einigen Grundlagengesetzen. Das Bürgerliche Gesetzbuch (BGB) sieht vor, dass der Vertreter bzw. respektive der Verantwortliche fahrlässig handelt, wenn er die erforderliche Sorgfaltspflicht vernachlässigt.[169] Darauf kann das Handelsgesetz aufgebaut werden. Das Handelsgesetzbuch fordert ebenfalls die Sorgfaltspflicht, hier im speziellen die Einhaltung der Grund-sätze ordnungsgemäßer Buchführung[170] (seit dem 31.12.2014 Grundsätze zur ordnungsmäßigen Führung und Aufbewahrung von Büchern, Aufzeichnungen und Unterlagen in elektronischer Form sowie zum Datenzugriff, kurz GoBD). Das HGB sieht im Rahmen der GoBD vor, dass die Verfügbarkeit der Handelsbücher bzw. deren Aufzeichnung innerhalb einer angemessenen Frist gewährleistet wird. Die Ablage der Handelsbücher kann auf Datenträgern o.ä. erfolgen.[171] Hierbei ist auch der namentliche Verweis der Verfügbarkeit im Kontext der IT-Schutzziele ersichtlich.

---

[169] Vgl. §276 Abs. 2 BGB.
[170] Vgl. §238 Abs. 1 HGB.
[171] Vgl. §239 Abs. 4 HGB.

Eine weitere Vorgabe stammt aus der DSGVO, welche geeignete technische und organisatorische Maßnahmen (TOM) vorsieht, damit ein Unternehmen Daten gemäß der Vorgaben verarbeiten kann. Auf diesen Aspekt wird jedoch detaillierter in den Unterkapiteln 5.1.1 und 5.1.2 jeweils systemmodellbezogen eingegangen.

Weitere Vorgaben stammen aus dem Gesetz zur „Kontrolle und Transparenz im Unternehmensbereich" (KonTraG). Die nachfolgende Grafik zeigt einen kurzen schematischen Aufbau des KonTraG:

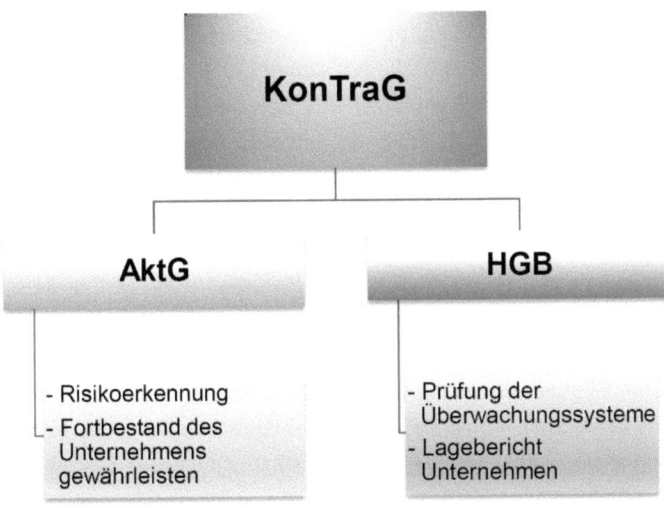

Abbildung 9: Übersicht KonTraG[172]

Mit dem seit 1998 geltenden Gesetz sind die Anforderungen im AktG und HGB verschärft worden. Seitdem sind Unternehmen verpflichtet, ein Frühwarnsystem zur Erkennung und Überwachung von Risiken einzurichten. Das Warnsystem soll dabei frühzeitig die existenzbedrohenden Risiken für das Unternehmen, zu denen auch IT-Risiken im Rahmen eines Informationssicherheitsmanagements zählen, erkennen, um den Fortbestand des Unternehmens zu sichern. Hat ein Unternehmen dieses nicht implementiert, haftet die Geschäftsführung.[173] Die Risiken werden, inkl. der IT-Risiken und Risiken in der Informationssicherheit im Lagebericht

---

[172] Eigene Darstellung in Anlehnung an Grünendahl, R.-T., Steinbacher, A. F., Will, H.L. (2017), S. 4
[173] Vgl. Grünendahl, R.-T., Steinbacher, A. F., Will, H.L. (2017), S. 4 f.

der Gesellschaft aufgeführt und im Hinblick auf ihre künftigen Entwicklungen eingeschätzt.[174]

Wie bereits in Kapitel 2 erwähnt, definiert das BSI Informationssicherheit als den Schutz von Daten durch die Erfüllung der Anforderungen an die IT-Schutzziele. Dafür hat das BSI u. a. vier Standardwerke herausgegeben, die Umsetzungsmöglichkeiten für Unternehmen darbieten.

Im ersten Standardwerk „BSI 200-1 Managementsysteme für Informationssicherheit" wird eine Einführung in die BSI-Standards gegeben. Das Werk definiert generelle Anforderungen an ein Informationssicherheitsmanagementsystem (ISMS) und verarbeitet dabei sowohl die relevanten ISO-Normen, als auch eine Interpretationsmöglichkeit der Normen für den Anwender.[175] Das zweite Standardwerk „BSI 200-2 IT-Grundschutz-Methodik" gibt ein Beispiel der Ausgestaltung eines ISMS im Unternehmen. Diese beinhalten u. a. den Aufbau eines Informationssicherheitsteams, die Implementierung eines Informationssicherheitsbeauftragten und die jeweiligen Rollen und Funktionen in den Unternehmen. Dieser Standard konkretisiert die Arbeitsabläufe der Organisation und die Umsetzung des ISMS anhand der IT-Grundschutzkataloge, die viele Standards zur Informationssicherheit beinhalten. Der „BSI 200-3 Risikomanagement" beinhaltet eine Übersicht möglicher IT-Risiken, welche es zu analysieren gilt. Die Risiken werden mittels einer Risikoanalyse bewertet und mit entsprechenden Sicherheitsmaßnahmen risikomindernd behandelt. Zu diesen Risiken zählen der Betrieb eines eigenen Rechenzentrums und die Auslagerung von IT-Dienstleistungen z.B an einen CSP. Das vierte Standardwerk 100-4 behandelt das Notfallmanagement. Das Notfallmanagement bezweckt die Möglichkeit zur Fortführung und Wiederherstellung eines bestimmten Services/Prozesses bei Ausfall, um den laufenden Geschäftsbetrieb nicht zu unterbrechen.[176] Hierfür bedarf es bestimmte herausgearbeitete Strategien und Maßnahmen, welche im Falle eines Ausfalls durch Automatismen den ausgefallenen Service schnellstmöglich wiederherstellen. Hierfür ist die Überführung in einen temporären Notbetrieb erstrebt, damit der Geschäftspro-

---

[174] Vgl. Kersten, H., Klett, G., Reuter, J., Schröder, K.-W. (2016), S. 40.
[175] Vgl. IT-Grundschutz BSI-Standards, aufgerufen am 01.07.2019
[176] Vgl. Gogarn, J. (2015), S. 89.

zess ggf. auch rudimentär zunächst weiterlaufen kann. Anschließend ist der Übergang vom Notbetrieb in den regulären Betrieb angestrebt.[177]

Neben den Standardwerken des BSI wurde das IT-Sicherheitsgesetz (IT-SiG) verabschiedet. Dieses Gesetz stellt eine Erweiterung des bereits bestehenden Gesetzes über das Bundesamt für Sicherheit in der Informationstechnik (BSIG). Durch das BSIG ist das BSI berechtigt, Mindeststandards für die Sicherheit in der IT zu definieren.[178] Durch das IT-SiG ist die Forderung nach höherer Sicherheit kritischer Infrastrukturen (KRITIS) im Kontext der IT-Sicherheit forciert worden. Als KRITIS-Betreiber ergaben sich neue Anforderungen. Diese sehen insbesondere angemessene organisatorische und technische Vorkehrungen zur Reduzierung von Störungen der IT-Schutzziele vor.[179]

Es gibt noch weitere Standards, wie bspw. die ISO 2700X-Reihe etc. Diese wurden hier jedoch nicht explizit aufgeführt, da das BSI im Rahmen der BSI-Standards ebenfalls diese Normen verarbeitet hat. Insbesondere im BSI-Standard 200-1 sind die Normen der ISO-Standards 27001 und 27002 berücksichtigt worden.[180] Aus diesem Grund wurden die rechtlichen Vorgaben zur Informationssicherheit ausschließlich nach BSI-Standards und Gesetzen erarbeitet.

Die nachfolgenden Kapitel zeigen nun die für die jeweiligen Systemmodelle gesonderten rechtlichen Anforderungen.

5.1.1 Mindeststandards und Maßnahmen zur Informationssicherheit im Cloud Computing

Für das Cloud Computing hat das BSI einen speziellen Anforderungskatalog mit Mindeststandards zur Nutzung externer Cloud-Dienste erstellt. Diese Anforderung definiert ein Mindestmaß an Informationssicherheit in der Nutzung des Cloud Computings. Es unterstützt und gibt dabei IT-Verantwortlichen und den IT-Beschaffern externer Cloud-Dienstleister einen Grundstock an Anforderungen, die der CSP erfüllen sollte. Der CSP kann diesen BSI-Standard als Anpassungsmöglichkeit und Service ansehen, sein bestehendes Angebots-Portfolio anzupas-

---

[177] Vgl. Osterhage, W.W. (2016), S. 7.
[178] Vgl. §8 Abs. 1 Satz 1 BSIG.
[179] Vgl. §8a Abs. 1 BSIG.
[180] Vgl. IT-Grundschutz BSI-Standards, aufgerufen am 01.07.2019.

sen und die angebotene Informationssicherheit bei Bedarf zu erhöhen.[181] Zusätzlich hat das BSI ein weiteres Werk, aus 2012 stammend, das sich "Eckpunktepapier Sicherheitsempfehlungen für Cloud Computing Anbieter – Mindestanforderungen in der Informationssicherheit" nennt, veröffentlicht. Dieses Papier richtet sich an CSP und definiert ihnen ein Mindestmaß und Empfehlungen für sicheres Cloud Computing.[182] Diese beiden Werke dienen als kompakte, zusammenfassende Richtschnur einiger Standards. Aufgrund des Umfangs der Arbeit werden daher ausschließlich diese beiden Werke betrachtet. Zudem erfolgt ein kurzes Update der im vorherigen Kapitel genannten GoBD. Für die Nutzung externer Cloud-Dienste sieht das GoBD noch extra Maßnahmen vor, die kurz erläutert werden.

5.1.1.1 Mindeststandard des BSI zur Nutzung externer Cloud-Dienste

Der „Mindeststandard des BSI zur Nutzung externer Cloud-Dienste" sieht zunächst vor, eine Datenkategorisierung vorzunehmen, um herauszufinden ob zusätzliche Geheimdaten oder Personen-/Dienstgeheimnisse vorliegen. Der Standard ist dann in drei Phasen aufgeteilt: Beschaffungsphase, Einsatzphase, Beendigungsphase.[183] Die Beschaffungsphase beginnt mit der Auswahl des CSP. Bei der Auswahl sollte der Cloud-Nutzer darauf achten, dass der CSP offizielle Zertifizierungen hat. Die Art und Weise der Zertifizierung hängt von den jeweils zu verarbeitenden Daten ab.

Ebenfalls muss eine Systembeschreibung des CSP vorliegen, welche bei der Leistungsbeschreibung vertraglich geregelt ist. In der Leistungsbeschreibung (Service-Level-Agreement) werden auch eventuelle Zusatzleistungen festgelegt.[184] Zusatzleistungen können auch regelmäßige Prüfberichte des CSP durch externe Dritte sein. Bei der CSP-Auswahl spielen die vertraglichen Bedingungen zwischen dem CSP und dem Nutzer eine wichtige Rolle. In den vertraglichen Bedingungen muss festgehalten werden, dass der CSP Sicherheitsnachweise durch aktuelle Prüfberichte erbringen muss, die die ordnungsmäßige Umsetzung der Mindestanforderungen bestätigen.[185] Sollten in dem Zusammenhang weitere, über die Mindestanforderungen hinausgehende Risiken ermittelt worden sein, müssen die zu-

---

[181] Vgl. BSI (2017), S. 5.
[182] Vgl. BSI (2012a), S. 8.
[183] Vgl. BSI (2017), S. 6.
[184] Vgl. ebd.
[185] Vgl. BSI (2017), S. 7.

sätzlichen Anforderungen zur Risikominimierung ebenfalls vertraglich festgehalten werden. Ebenfalls muss das Prüfrecht des Dienstleistungsnehmers gegenüber dem CSP vertraglich zugesichert werden, damit der Dienstleistungsnehmer jederzeit die Einhaltung des Schutzniveaus durch den CSP sicherstellen kann.[186]

Die Einhaltung des Schutzniveaus muss auch dahingehend gewährleistet werden, als dass der CSP mögliche Unterauftragnehmer und andere externe Dritte offenlegen muss. Auch für diese Vertragsparteien gelten die gleichen Bedingungen, wie für die in dem Hauptvertrag zwischen CSP und Dienstleistungsnehmer getroffenen Bedingungen. Die Gerichtsbarkeit der Vereinbarung sollte möglichst nach deutschem Recht oder einem ähnlichen Recht stattfinden, um im Falle eines Rechtsstreits weiterhin die Verfügbarkeit der Daten zu gewährleisten, da sonst durch Einarbeitung in fremdes Recht Zeit verloren ginge. In diesem Zusammenhang müssen auch die Lokationen, an denen Daten verarbeitet werden, vertraglich geregelt sein. Dies u. a. auch vor dem Hintergrund des Marktortprinzips, das bereits in Kapitel 2.4 erwähnt wurde, sodass gewährleistet werden kann, dass die kategorisierten Daten, im Falle des Marktortprinzips personenbezogene Daten, nach adäquaten Standards und Vorschriften verarbeitet werden.[187] Zuletzt muss in der Phase noch das Ende des Vertrags geregelt werden. In diesem Punkte geht es um die Kündigungsfristen, die Rückgabe sowie die Löschung der Daten beim CSP nach Ende des Vertrags.[188]

Nach der Beschaffungsphase folgt die Einsatzphase. In dieser Phase geht es um die Überprüfung der vertraglich zugesicherten Leistungen, welche im Vorfeld verhandelt wurden. Damit hat das Unternehmen die Möglichkeit zu prüfen, ob das eigene ISMS funktioniert und ggf. Restrisiken erkannt werden.[189] Dafür muss der externe CSP in das eigene ISMS eingebunden werden woraus ggf. notwendige Handlungsmaßnahmen für das Unternehmen resultieren. Das beschaffende Unternehmen muss die Sicherheitsnachweise des CSP prüfen und evaluieren, ggf. resultiert daraus Handlungsbedarf, sollte es zu Unstimmigkeiten kommen.

---

[186] Vgl. ebd.
[187] Vgl. BSI (2017), S. 8.
[188] Vgl. BSI (2017), S. 8 f.
[189] Vgl. BSI (2017), S. 9.

Ebenfalls ist die Einhaltung der Leistung zu prüfen. Dafür wird die Performance einzelner Komponenten der IT-Infrastruktur geprüft und bei Bedarf angepasst.[190] Wie auch vertraglich vereinbart muss geprüft werden, ob der CSP seinen Informationspflichten nachkommt. Bspw. ob neue Unterauftragnehmer hinzugekommen sind und der CSP die Meldung von relevanten Störungen bekanntgegeben hat. Letztere müssen vom Dienstleistungsnehmer protokolliert und analysiert werden.[191]

Die letzte Phase dieses Mindeststandards ist die Beendigungsphase. Grundvoraussetzung ist hier, dass die Modalitäten dazu bei Vertragsabschluss bereits festgelegt wurden. Der CSP übergibt die vom Dienstleistungsnehmer erhaltenen Daten in der vertraglich vereinbarten Form zurück und bestätigt, dass die Daten vollständig von der Cloud gelöscht wurden. Dies hat der CSP bei etwaigen Unterauftragnehmern zu veranlassen und zu gewährleisten. Die Beendigung muss vollständig dokumentiert sein.[192]

5.1.1.2 Eckpunktepapier Sicherheitsempfehlungen für Cloud Computing Anbieter – Mindestanforderungen in der Informationssicherheit

Das „Eckpunktepapier Sicherheitsempfehlungen für Cloud Computing Anbieter – Mindestanforderungen in der Informationssicherheit" hat eine andere Vorgehensweise als das Werk zuvor. In diesem Werk ist der CSP im Vordergrund der Betrachtungen und es liegt der Fokus auf das ISMS des CSP. Es werden in diesem Werk die Sicherheitsarchitektur, das ID- und Rechtemanagement, Monitoring und Security Incident Management, Portabilität und Interoperabilität und Anforderungen an den Mindeststandard des BSI zur Nutzung externer Cloud-Dienste Personal erläutert. Das Werk behandelt zudem noch das Notfallmanagement, Kontrollmöglichkeiten für Nutzer, Sicherheitsprüfungen und Nachweise sowie das Thema Vertragsgestaltung. Da diese Themen im Rahmen des vorherigen Werkes, welches aktueller ist, erläutert wurden, wird nun darauf verzichtet. Ebenso wird auch auf das Thema Datenschutz an dieser Stelle nicht eingegangen, da es im weiteren Verlauf der Thesis bearbeitet wird.

---

[190] Vgl. ebd.
[191] Vgl. ebd.
[192] Vgl. BSI (2012a), S. 10.

5.1.1.2.1 Infrastruktur

Herzstück einer Cloud Computing-Infrastruktur ist das Rechenzentrum. Das Rechenzentrum des CSP muss jederzeit die Sicherheit der Anlagen gewährleisten, insb. der Zugang zum Rechenzentrum muss überwacht und gesichert werden. Elementare Komponenten müssen redundant abgesichert werden und es gilt, dass das Rechenzentrum vor Elementarschäden gesichert ist. Bei einer extrem hohen Anforderung an die Verfügbarkeit der Daten, sollte ggf. ein Backup-Rechenzentrum vorliegen alternativ müssen kurzfristig weitere Ressourcen bereitgestellt werden können. Letzteres impliziert auch eine deutliche räumliche Trennung, um bspw. im Falle eines Hochwassers o.ä. durch Eintreten des Schadensereignisses nicht in beiden Rechenzentren einen Ausfall zu haben.[193] Im Rahmen der Server-Sicherheit muss seitens der CSP dafür Sorge getragen werden, dass nur die notwendigen Software-Pakete installiert werden und nicht direkt benötigte Software aussortiert/deinstalliert wird. Die Server sollten Host Firewalls und weitere Maßnahmen zum Schutz von Systemen, insb. zum Schutz von Angriffen auf die Betriebssoftware und Erkennung von Schadsoftware, hinterlegt haben und es muss regelmäßig die Integrität relevanter Systemdateien geprüft werden.[194] Wird ein Server mithilfe von sog. Hypervisoren (Komponente zur Steuerung des Zugriffs) virtualisiert, muss der Hypervisor nach bestimmten Standards zertifiziert und vollständig nach Empfehlung des Herstellers implementiert werden.[195] Für die interne Netzsicherheit sind gängige IT-Sicherheitsmaßnahmen wie Anti-Viren-Programme, Firewalls, Trojaner-Detektoren zu führen und die Kommunikation hat verschlüsselt zu erfolgen. Über bspw. Internet Service Provider kann Unterstützung bei der Abwehr von DDoS-Attacken bezogen werden.[196] Im Bereich des PaaS ist zu beachten, dass bestehende Software-Architekturen des CSP weiterentwickelt werden und unter Aspekten der Informationssicherheit im Software-Lebenszyklus berücksichtigt werden.[197] Die Wahrung der Informationssicherheit wird dadurch gewährleistet, dass nur getestete und von den Sicherheitsverantwortlichen freigegebene Software aufge-

---

[193] Vgl. BSI (2012a), S. 28.
[194] Vgl. BSI (2012a), S. 30.
[195] Vgl. BSI (2012a), S. 30 f.
[196] Vgl. BSI (2012a), S. 32.
[197] Vgl. BSI (2012a), S. 34.

spielt werden darf.[198] Sollte der CSP, wie auch zuvor schon erwähnt, Dienstleister für seine eigene Dienstleistung in Anspruch nehmen, gelten für den Subauslagerungsnehmer die gleichen Verpflichtungen wie für den CSP und der Sachverhalt muss schriftlich fixiert werden.[199] Verpflichtend ist für den CSP ein koordiniertes Patch- und Änderungsmanagement, damit die Systeme konstant laufen und Sicherheitslücken durch Updates geschlossen werden können. Jedoch ist vor Implementierung etwaiger Patches ein Test- und Freigabeverfahren notwendig, welches die Wirksamkeit und Korrelationen mit dem System prüft.[200]

5.1.1.2.2 ID- und Rechtemanagement

Das ID- und Rechtemanagement lässt sich in zwei Bereiche unterteilen. Auf der einen Seite findet die Authentisierung statt und auf der anderen Seite die Autorisierung. Bei der Authentisierung muss der CSP gewährleisten, dass nur berechtigte Personen Zugriff auf die IT-Ressourcen haben. Hierfür ist eine Identifikation und Authentisierung notwendig, bei besonders sicherheitskritischen Bereichen ist eine Zwei-Faktor-Authentisierung vorgesehen. Zu diesen sicherheitskritischen Bereichen zählen Netzzugriffe, Online-Banking und auch der Zugriff der CSP-Mitarbeiter auf die Administration der IT-Ressourcen.[201] Bei Cloud-Nutzern ist ebenfalls zu prüfen, ob eine Authentisierung im Zwei-Faktor-Prinzip notwendig ist. Dies ist dann gegeben, wenn die Anforderung an die IT-Sicherheit besonders hoch ist und der Zugang zum Cloud-Dienst über das Internet stattfindet.[202] Zusätzlich kann, ergänzend zu der im Bereich „Infrastruktur" bereits erwähnten verschlüsselten Kommunikation, der CSP ausschließlich bestimmten IP-Adressen oder Domains Zugriff gewähren.[203] Der Faktor Autorisierung muss sicherstellen, dass eine restriktive Rollenberechtigung vorliegen muss. Der Nutzer darf nur die für ihn notwendigen Daten im Rahmen seiner Rolle sehen, wofür ihm nur ein bestimmter Zugriff gewährleistet werden darf. Gleiches gilt für seine Ausführungsrechte auf dem System, welche ebenfalls nur für die Erfüllung seiner Aufgaben dienen sollen. Die Rollen und Berechtigungen sind regelmäßig zu überprüfen.[204]

---

[198] Vgl. BSI (2012a), S. 35.
[199] Vgl. ebd.
[200] Vgl. BSI (2012a), S. 37.
[201] Vgl. BSI (2012a), S. 43.
[202] Vgl. BSI (2012a), S. 44.
[203] Vgl. ebd.
[204] Vgl. ebd.

Bei Administratoren sollte bei besonders kritischen administrativen Tätigkeiten ein Vier-Augen-Prinzip implementiert werden und es muss nachgewiesen werden können, dass der Administrator ebenfalls nur die für seine Tätigkeit notwendigen Daten einsieht, ggf. ist dafür eine Protokollierung erforderlich.[205]

5.1.1.2.3 Monitoring und Security Incident Management

Um eine hohe Informationssicherheit und die Einhaltung getroffener SLAs sicherzustellen, ist ein strenges Monitoring der Cloud Computing Infrastruktur notwendig. Das Monitoring impliziert auch das Monitoring der Informationssicherheit. Hierfür ist es erforderlich, dass die Behandlung von Incident-Szenarien konzipiert und geübt werden. Die Überwachung auf Incidents muss rund um die Uhr gewährleistet werden und ggf. ist gegenüber dem Kunden ein Notfallteam bekanntzugeben, sollte es zu einem Vorfall kommen. Das Monitoring beinhaltet auch die Protokollierung administrativer Tätigkeiten um dem Kunden gegenüber nachvollziehbar etwaige Änderungen nachzuweisen.[206] Das BSI sieht für das Monitoring, sollte ein Anwender höheren Bedarf an die Vertraulichkeit der Daten vorgesehen haben, weitere Tools, wie bspw. eine Datenstromanalyse vor. Mit der Datenstromanalyse sollen ungesicherte Datenübertragungen erkannt und unberechtigte Abgriffe vermieden werden.[207] Bei einem Angriff auf die Cloud Computing-Plattform sind Gegenmaßnahmen durchzuführen und zu prüfen, ob der Angriff möglicherweise durch Cloud-Nutzer gegenüber anderen Nutzern der gleichen Cloud erfolgte.[208] Der CSP hat zudem den Nutzern Protokolle in einem geeigneten Format zur Verfügung zu stellen und revisionssicher abzuspeichern.[209]

---

[205] Vgl. BSI (2012a), S. 45.
[206] Vgl. BSI (2012a), S.49.
[207] Vgl. ebd.
[208] Vgl. BSI (2012a), S.50.
[209] Vgl. ebd.

5.1.1.2.4 Portabilität und Interoperabilität

Für die Portabilität und Interoperabilität von Daten für den Cloud-Anwender, sollte der CSP einheitliche Standards verwenden. Damit kann der Cloud-Anwender plattformunabhängig arbeiten ohne dass es zu Schnittstellenproblemen kommt. Die Portabilität muss auch bei einer Aufhebung des Service-Vertrags gegeben sein, damit der Cloud-Nutzer seine Daten zu einem anderen CSP übertragen kann.[210]

5.1.1.2.5 Anforderungen an das Personal

Der CSP ist verpflichtet, dass das eingesetzte Personal ausreichend eingearbeitet und mit den eingesetzten Techniken vertraut ist. Dafür sind Schulungen in der Technik, Informationssicherheit und Datenschutz notwendig und verpflichtend. Um einen Interessenskonflikt der Mitarbeiter zu vermeiden, sind operative und kontrollierende Tätigkeiten strikt zu trennen und an verschiedene Personen aufzuteilen. Hierfür ist ein entsprechendes Rollensystem in der Benutzerverwaltung einzuführen und regelmäßig zu überprüfen. Die Einhaltung der getroffenen Regelungen muss verpflichtend für den Mitarbeiter sein.[211]

Wie in Kapitel 5.1 beschrieben gibt es durch die Neufassung der GoBD, welche aktuell noch im Entwurf sind, eine Ergänzung in den Grundsätzen. Es wird nun in der Neufassung in der Tz 20 der GoBD neu auch namentlich die Cloud als Speichermedium genannt und die Ablage und Bearbeitung rechtlich klargestellt und ermöglicht. Zu beachten ist jedoch der Serverstandort. Ist dieser im Ausland bedarf es sowohl eine antragsgebundene Genehmigung als auch die Beachtung etwaiger steuerrechtlicher Belange.[212]

---

[210] Vgl. BSI (2012a), S. 57.
[211] Vgl. BSI (2012a), S. 63 f.
[212] Vgl. § 146 Abs. 2a AO.

5.1.2 Mindeststandards und Maßnahmen zur Informationssicherheit im Server based Computing

Wie bereits in Kapitel 4.1 erwähnt, ist SbC eine spezielle Form eines Client-Server-Systems. Für diese Arbeit wird das Modell des SbC abstrakter dargestellt und es wird als Client-Server-Modell und somit als Teil der unternehmenseigenen IT angesehen. Daher sind die nachfolgenden Mindestanforderungen als solche einer eigenen IT-Systemlandschaft anzusehen. Wie auch beim Cloud Computing gibt es vom BSI einen Maßnahmenplan für die Informationssicherheit der eigenen IT, der sich „Leitfaden Informationssicherheit IT-Grundschutz kompakt" nennt. In diesem sind Maßnahmen und Richtlinien aus unterschiedlichen Standards zusammenfassend festgehalten worden. Aufgrund des Umfangs der Arbeit wird ausschließlich dieses Papier berücksichtigt. Das Werk hat die Informationssicherheit unter zwei für diese Arbeit relevante Aspekte berücksichtigt: Zum einen geht es um organisatorische Maßnahmen und zum anderen um technische Umsetzungsmöglichkeiten, ohne jedoch technische Details zu berücksichtigen.

Grundsätzlich gilt, dass in allen Projekten die Informationssicherheit von Beginn an berücksichtigt werden sollte. In den meisten Projekten spielt IT eine unterstützende Rolle, bspw. durch Einsatz bestimmter Software und Technik. Diese müssen vor Einsatz kritisch geprüft werden, um spätere Folgen aufgrund von Sicherheitsmängel zu vermeiden.[213] Es müssen die Informationssicherheitsziele festgelegt werden um Maßnahmen zu treffen, welche die Ziele schützen. Dafür muss geprüft werden, auf welcher Basis die Rahmenbedingungen vorgegeben werden, welche Rolle dabei die IT übernehmen kann und welche Daten und Werte im Rahmen der Informationssicherheit geschützt werden müssen.[214] Dafür ist eine Schutzbedarfsfeststellung durchzuführen, welche die Schutzziele (siehe Kapitel 2.3) und deren Bedarf ermittelt und ihnen die geeigneten Schutzmaßnahmen gegenüberstellt.[215] Die geeigneten Schutzmaßnahmen sollten einer Priorisierung folgen, nach denen sie abgearbeitet werden müssen. Für die Priorisierung ist es sinnvoll, einen Kosten-Nutzen-Vergleich durchzuführen.[216] Die Informationssicherheit ist regelmäßig zu prüfen, besonders bei kritischen Bereichen der IT,

---

[213] Vgl. BSI (2012b), S. 34.
[214] Vgl. BSI (2012b), S. 35.
[215] Vgl. ebd.
[216] Vgl. BSI (2012b), S. 36.

wofür Kontrollmechanismen zu implementieren sind.[217] Die Prüfung ist auch bei Arbeitsabläufen und getroffenen Sicherheitsrichtlinien durchzuführen. Hierbei muss die Aktualität der Maßnahmen und Richtlinien sowie die Effizienz getroffener Maßnahmen kontrolliert und ggf. angepasst werden.[218] Die Sicherheitsrichtlinien sind schriftlich festzuhalten und im Rahmen eines Sicherheitskonzepts zu dokumentieren. Sollten bei der Erstellung, Bearbeitung oder Kontrolle der Sicherheitsrichtlinien Defizite auftreten, sind diese festzuhalten und die Verantwortlichen zu informieren, um das aufgetretene Risiko zu bewerten und ggf. die Maßnahmen zu überarbeiten.[219]

Speziell für die Sicherheit bei IT-Systemen gilt, dass von Herstellern bereitgestellte Systeme und Software Schutzmechanismen besitzen. Diese Schutzmechanismen müssen analysiert und implementiert werden, da diese meist besser an den Systemen angepasst sind.[220] Zusätzlich müssen Anti-Viren-Programme auf allen Systemen eingesetzt werden. Die Anti-Viren-Programme sollten auf zentralen Einheiten und auf den jeweiligen Endgeräten vorhanden sein und permanent im Hintergrund betrieben werden. Regelmäßig sind vollständige Suchläufe durchzuführen und im Falle eines Virenbefalls erfolgt der Suchlauf sofort anlassbezogen.[221] Analog zum Cloud Computing gilt die restriktive Rechtevergabe auch in diesem Systemmodell. Das „Need-to-Know-Prinzip" ist hier strikt anzuwenden und über Berechtigungsprofile umzusetzen. Dadurch ist eine Zuordnung über Gruppen möglich und die regelmäßige Überprüfung der Berechtigungen ist einfacher durchzuführen.[222] Bei besonders kritischen Berechtigungen wie die eines Administrators, sind diese ebenfalls auf das mindestnotwendige Maß zu reduzieren. Es wird seitens des BSI empfohlen, die administrativen Tätigkeiten auf unterschiedliche Administratoren aufzuteilen, um im Falle eines unberechtigten Abgriffs von Administratorendaten dem Angreifer nicht einen Vollzugriff zu gewährleisten. [223] Ein geregelter organisatorischer Prozess zur Mitarbeitereinstellung, -

---

[217] Vgl. BSI (2012b), S. 53.
[218] Vgl. BSI (2012b), S. 38.
[219] Vgl. BSI (2012b), S. 38 f.
[220] Vgl. BSI (2012b), S. 40.
[221] Vgl. ebd.
[222] Vgl. BSI (2012b), S. 41 f.
[223] Vgl. BSI (2012b), S. 43.

änderung und -weggang, dessen Teil auch die Berechtigungszuordnung ist, ist zwingend erforderlich.[224]

Anwendungen in IT-Systemen sind vor erstmaligem Gebrauch auf ihre Informationssicherheitsstandards zu prüfen. Bei Auslieferung befinden sich diese Systeme meist in dem für den Nutzer komfortabelsten Modus und haben oft Standard-Nutzer und Standard-Passwörter, wodurch sie eine potentielle Angriffsfläche bieten. Diese sind durch die Administratoren abzuändern und erst nach Prüfung der Systeme in die Produktivumgebung einzusetzen. Bei Betriebssystemen müssen zudem alle Funktionalitäten, welche nicht zwingend zur Aufgabenerfüllung des Programms dienen, deaktiviert und entfernt werden. Vor Inbetriebnahme etwaiger Systeme müssen die Herstellerdokumentationen gelesen werden, um auf eventuelle Warnungen des Herstellers reagieren zu können. Bei der Einführung ist darauf zu achten, dass die Schritte dokumentiert werden, um bei etwaigen Problemen schneller die Ursachen identifizieren zu können. Dadurch können die Ausfallrisiken minimiert und die Verfügbarkeit erhöht werden.[225]

Ein weiterer Themenkomplex ist die Netzwerksicherheit und das Internet. Jeder Computer innerhalb eines Unternehmens, der geschäftlich genutzt wird, benötigt eine Firewall, sobald dieser mit dem Internet verbunden ist. Die Abgrenzung muss ebenfalls zu anderen internen Systemen möglich sein, da sensible Daten (z.B. Personaldaten) nicht für das gesamte Unternehmen zugänglich sein sollen. Die Firewall muss bestimmte Standards erfüllen. Idealerweise liegt ein mehrstufiges Firewallsystem vor, das vor allem in Rechenzentrum-Umgebungen vor- und nachgeschaltet werden kann. Die getroffenen Filterregeln für die Firewalls sind regelmäßig auf ihre Sinnhaftigkeit und ihren Zweck hin zu prüfen.[226] Die Services und Daten, die nach außen aus dem Unternehmen angeboten werden, sind auf das absolute Mindestmaß, analog der restriktiven Rechtevergabe, zu reduzieren. Die Überprüfung der Schnittstellen muss demnach regelmäßig durchgeführt werden.[227] Zusätzlich zur Netzwerksicherheit ist auch die Sicherheit von Anwendungen und die Wartung der IT-Systeme relevant. Sicherheits-Updates, insb. bei Anti-Viren-Programmen, sind schnellstmöglich nach Bekanntgabe oder im Rahmen

---

[224] Vgl. BSI (2012b), S. 42.
[225] Vgl. BSI (2012b), S. 44.
[226] Vgl. BSI (2012b), S. 45 f.
[227] Vgl. BSI (2012b), S. 48.

einer Routine, nach Durchführung von Tests und Freigabe zu implementieren, um das Sicherheitsniveau hoch zu halten.[228]

Wie bereits in Kapitel 2.3 erwähnt, wird bei der Informationssicherheit der Faktor Mensch ebenfalls als Risiko berücksichtigt. Die Mitarbeiter sind über bestehende Richtlinien im Unternehmen zu informieren und die Kenntnisnahme muss bestätigt werden. Im Falle von Sicherheitsverstößen muss der Mitarbeiter haftbar gemacht werden, dafür ist ein Nachweis der Kenntnisnahme durch den Mitarbeiter erforderlich.[229] Dem Mitarbeiter muss bewusst sein, dass bei Missachtung von Sicherheitsvorgaben und Sicherheitsverstößen (arbeits-) rechtliche Konsequenzen folgen.[230] Um Sicherheitsverstöße zu vermeiden, sind vom Mitarbeiter die Sicherheitsrichtlinien streng zu beachten. Ebenso ist eine aktive Mitarbeit und Auseinandersetzung des Themas für den Mitarbeiter erforderlich. Dies beinhaltet auch, dass der Mitarbeiter seinen Arbeitsplatz ordentlich verlässt und keine sensiblen Daten frei zugänglich macht. Dafür ist eine entsprechende Kategorisierung der Dateien vorzunehmen und zu definieren. Insbesondere das unbeaufsichtigte Ablegen von Datenträgern mit sensiblen Daten muss unterbunden werden und die Vernichtung der Datenträger muss sachgerecht erfolgen, da die Daten beim Client-Server-Modell dezentral auf diesen Datenträgern gelagert werden können.[231] Ebenfalls in das Themenfeld der Mitarbeiter fällt der Umgang mit Passwörtern und Verschlüsselungen. Neben der Auswahl sicherer Passwörter, sollte der Mitarbeiter sobald er seinen Arbeitsplatz verlässt den Bildschirm sperren inkl. Kennworteingabe. Zur zusätzlichen Absicherung kann auch eine automatisierte Sperre nach einem definierten Zeitraum verwendet werden. Dies verhindert den direkten Zugang über den Client zum Server und auf die Festplatten, sollte der Mitarbeiter den Arbeitsplatz verlassen haben.[232] Um die Festplatten zusätzlich abzusichern, da die auf der Festplatte befindlichen Daten extern ausgelesen werden können, müssen diese mit einer Festplattenverschlüsselung abgesichert werden.[233]

---

[228] Vgl. BSI (2012b), S. 54 f.
[229] Vgl. BSI (2012b), S. 37.
[230] Vgl. BSI (2012b), S. 53.
[231] Vgl. BSI (2012b), S. 50.
[232] Vgl. BSI (2012b), S. 58.
[233] Vgl. ebd.

Der letzte Maßnahmenbereich betrifft den Schutz von Katastrophen und Notfällen. Hierfür ist, wie bereits in Kapitel 5.1 geschrieben, das Vorliegen von Notfallplänen für den Ausfall von Prozessen und Services notwendig. Teil dieses Notfallplans ist auch die regelmäßige Backup-Erstellung der Daten sowie die Durchführung von Tests der Funktionalität des Backups.[234] Die Backup-Medien sowie die weiteren IT-Systeme müssen vor Elementarschäden analog den Vorgaben eines CSP sowie Stromausfällen geschützt werden. Für letzteres ist die Anbringung einer Anlage für unterbrechungsfreie Stromversorgung notwendig.[235] Die vorhandenen IT-Systeme sowie der Serverraum müssen mit Maßnahmen zum Zutrittsschutz und Diebstahlschutz gesichert werden. Sollten sich Dienstleister im Serverraum aufhalten bedarf es einer permanenten Überwachung und einer persönlichen Betreuung des Zugangs. Zudem sollte eine Inventarliste geführt werden, die alle Software und Hardware beinhaltet.[236]

Das Unternehmen mit eigenem Rechenzentrum bzw. das eine Client-Server-Systemlandschaft führt, sollte ihre getroffenen Sicherheitsmaßnahmen durch Auditoren bzw. Revisoren prüfen lassen.[237]

5.2 Rechtliche Analyse des Datenschutzes im Kontext der beiden Systemmodelle

In diesem Kapitel wird das Thema Datenschutz beleuchtet. Im Rahmen dieser Arbeit wird, aufgrund des Umfangs, lediglich auf den deutschen Rechtsraum bzw. respektive den europäischen Rechtsraum eingegangen, weshalb es häufig Verweise auf die DSGVO geben wird. Wie in Kapitel 2.4 erwähnt, geht es beim Datenschutz um den Schutz personenbezogener Daten, welche auch in dem genannten Kapitel definiert wurden. Anders als im vorherigen Kapitel, wird dieses Kapitel nicht in die jeweiligen Systemmodelle aufgeteilt. Dies hängt damit zusammen, dass die Vorgaben insb. für TOM für beide Modelle sehr ähnlich sind. Daher werden in Kapitel 5.2.1 die für beide Systemmodelle relevanten rechtlichen Vorgaben und Standards erläutert. Im Kapitel 5.2.2 werden die darüber hinaus gehenden

---

[234] Vgl. BSI (2012b), S. 59.
[235] Vgl. BSI (2012b), S. 60.
[236] Vgl. BSI (2012b), S. 61.
[237] Vgl. BSI (2012b), S. 53.

rechtlichen Vorgaben beim Cloud Computing erläutert. Das Konstrukt lässt sich aus der nachfolgenden Grafik entnehmen:

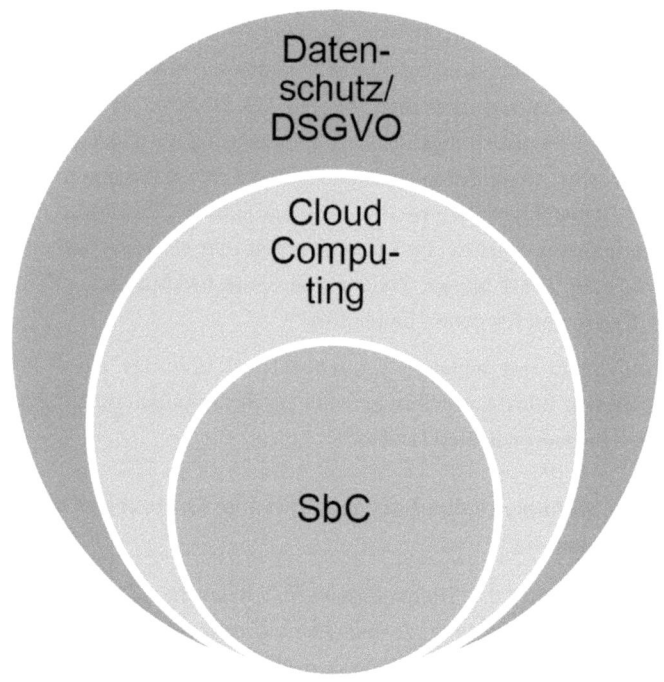

Abbildung 10: Zusammenhang zwischen DSGVO und Systemmodelle[238]

5.2.1 Datenschutzrechtliche Vorgaben und Standards beider Systemmodelle

Unabhängig vom Systemmodell gilt, dass die Verantwortung für die Umsetzung des rechtskonformen Datenschutzes den jeweils verarbeitenden Stellen, z.B. der Geschäftsführung der Unternehmung obliegt und die Einhaltung der Prinzipien sowie die Rechtskonformität durch diese nachgewiesen werden muss.[239] Für den Schutz personenbezogener Daten müssen die verarbeitenden Stellen gem. Art. 25 Abs. 1 DSGVO alle notwendigen technischen und organisatorischen Maßnah-

---

[238] Eigene Darstellung.
[239] Vgl. Art. 5 Abs. 1 und Abs. 2 DSGVO.

men[240] treffen, die geeignet sind, um die Datenschutzgrundsätze zu erfüllen.[241] Der Verantwortliche für die Datenverarbeitung ist verpflichtet, die Einhaltung der Datenschutzgrundsätze aufgrund der Rechenschaftspflicht nachzuweisen.[242] Die Gewährleistung des Datenschutzes beginnt bereits vor der Anschaffung. Die getroffenen Maßnahmen müssen bereits bei der Implementierung datenschutzkonform die Daten verarbeiten und dies während der gesamten Verarbeitung sicherstellen. Die datenschutzfreundlichen Voreinstellungen und die Technikgestaltung zur Sicherstellung der Datensicherheit unterstützen die TOM des Auftragsverarbeiters. Der Verweis auf die Datensicherheit gibt einen Hinweis darauf, dass ein IT-Sicherheitsmanagement vorliegen sollte, was durch die Forderung nach einem angemessenen Schutzniveau bei der Datenverarbeitung ebenfalls ersichtlich wird.[243] Die DSGVO verschärft diese Vorgabe sogar dadurch, dass sie ein Verfahren für die regelmäßige Überprüfung der Einhaltung, Bewertung und Auswertung der Wirksamkeit der getroffenen Maßnahmen fordert.[244]

Die Unternehmen sind dazu verpflichtet, Maßnahmen zu treffen, welche die Verarbeitung von personenbezogenen Daten minimieren, die Daten schnellstmöglich per Pseudonymisierung und Anonymisierung sichern und nach Gebrauch unmittelbar löschen. Zusätzlich sind Handlungen zur aktiven Gestaltung von Sicherheitsmaßnahmen und organisatorische Anpassungen durchzuführen.[245] Die Auswahl der dafür notwendigen IT-Komponenten muss durch die Geschäftsführung getroffen werden, welche datenschutzfreundliche Systeme verwenden muss, da sie die Endverantwortung der Datenschutzkonformität sicherstellen muss.[246]

Wenn der Datenschutz durch Systeme, hier in dieser Thesis durch Informationstechnologie, sichergestellt werden muss, muss eine Datenschutz-Folgenabschätzung durchgeführt werden. Durch die Datenschutz-Folgeabschätzung werden die Risiken der Verfahren, welche für die Datenverar-

---

[240] Aufgrund des Umfangs dieser Arbeit, werden die TOMs nur kurz erwähnt und vereinzelt erläutert. Weitere Informationen und mehr Beispiele für TOMs sind in den Art. 32 DSGVO sowie dem Erwägungsgrund 78 der DSGVO zu entnehmen.
[241] Vgl. Roßnagel, A. (2017), S. 123.
[242] Vgl. Art. 5 Abs. 2 DSGVO.
[243] Vgl. Pöllmann, L.; Herrmann, C. (2019), S. 280.
[244] Art. 32 Abs. 1b DSGVO.
[245] Vgl. Pöllmann, L.; Herrmann, C. (2019), S. 280.
[246] Vgl. ebd.

beitung notwendig sind, analysiert und die technisch-organisatorischen Maßnahmen gegenübergestellt. Die TOM, müssen dabei die Risiken im Rahmen dieser Verarbeitung beseitigen bzw. auf ein für das Unternehmen erträgliches Risiko minimieren und den Anforderungen des Art. 25 Abs. 1 DSGVO genügen.[247] Bei hohen Risiken, z.B. wenn neue Technologien für die Datenverarbeitung verwendet werden, sind weitere Maßnahmen zwingend zu treffen. Im Anschluss dessen muss erneut eine objektive Risikobeurteilung erfolgen, welche die Eintrittswahrscheinlichkeit und die Schwere der Folgen der Risiken aufzeigen muss. Bei hohen Risiken muss zudem die Aufsichtsbehörde beratend hinzugezogen werden.[248] Bei der Datenschutz-Folgeabschätzung ist ebenfalls eine Analogie zur Informationssicherheit zu erkennen.

Spätestens seit Einführung der DSGVO hat jedes Unternehmen, das mehr als 250 Mitarbeiter hat und nicht den Kriterien des Art. 30 Abs. 3 entspricht, die Pflicht, ein Verzeichnis für Verarbeitungstätigkeiten zu führen.[249] Das Verzeichnis ist gem. des Art. 30 Abs. 1 und 2 normiert und muss der Aufsichtsbehörde bei Anfrage vorgezeigt werden.[250] Die Aufsichtsbehörde ist normalerweise der Landesbeauftragte für Datenschutz. Dieser Behörde müssen auch sog. Datenpannen, also Verletzungen des Schutzes von personenbezogenen Daten gemeldet werden.[251] Unter der Verletzung des Schutzes wird jede Verletzung der Sicherheit, welche zum Verlust, Veränderung Vernichtung, unberechtigter Offenlegung sowie unbefugtem Zugang zu personenbezogenen Daten verstanden.[252] Solch ein Sicherheitsvorfall muss der Verantwortliche gem. der Art. 33 und 34 DSGVO vollständig dokumentieren. Zur Vollständigkeit zählen der eigentliche Vorfall, alle getroffenen Maßnahmen sowie die wahrscheinlichen Folgen des Vorfalls. Neben der Aufsichtsbehörde ist auch der Betroffene zu informieren.[253] Die Meldung muss nicht erfolgen, sollte kein Risiko für die Rechte und Freiheiten der Personen vorliegen. In allen anderen Fällen muss eine Meldung innerhalb von 72 Stunden nach Eintreten des

---

[247] Vgl. Roßnagel, A. (2017), S. 125.
[248] Vgl. Pöllmann, L.; Herrmann, C. (2019), S. 281.
[249] Vgl. Datenschutz-Grundverordnung, Bundesministerium des Innern, für Bau und Heimat, aufgerufen am 13.7.2019.
[250] Vgl. ebd.
[251] Vgl. Pöllmann, L.; Herrmann, C. (2019), S. 281 f.
[252] Art. 4 Nr. 12 DSGVO.
[253] Vgl. Pöllmann, L.; Herrmann, C. (2019), S. 282.

Vorfalls erfolgen.[254] Wenn ein Auftragsverarbeiter eine Datenpanne hat, muss umgehend der Auftraggeber darüber in Kenntnis gesetzt werden.

Nach Art. 37 Abs. 1 DSGVO müssen Unternehmen einen Datenschutzbeauftragten benennen und offiziell bestellen. Dies ist in Deutschland bereits seit längerer Zeit vorgesehen, jedoch galt dies nicht europaweit. Der Datenschutzbeauftragte steht als interner Ansprechpartner zum Thema Datenschutz für Mitarbeiter zur Verfügung und auch als Ansprechpartner für Betroffene und Aufsichtsbehörden extern bereit. Die Ansprechpartner kennen die Abläufe der Unternehmen und berichten direkt an die Verantwortlichen. Eine weitere Aufgabe ist die Beratung der Verantwortlichen und der Beschäftigten insb. bei der Durchführung der Datenschutz-Folgenabschätzungen. Sie überwachen die TOM im Kontext des Datenschutzes und sensibilisieren die Beschäftigten des Unternehmens. Datenschutzbeauftragte müssen eine entsprechende fachliche Qualifikation nachweisen können.[255]

5.2.2 Datenschutz im Kontext des Cloud Computings

Da es beim Datenschutz um den Schutz personenbezogener Daten betroffener Personen[256] geht, liegt erst dann eine Datenschutzrelevanz beim CSP vor, wenn diese Datenart vom CSP verarbeitet wird. Wie im vorherigen Kapitel erwähnt, trägt die Verantwortung der Datenschutzkonformität die Geschäftsführung des jeweiligen Unternehmens. Wird ein unternehmenseigenes Rechenzentrum betrieben, ist demnach der Geschäftsführer des Unternehmens für die Datenschutzkonformität verantwortlich. Analog verhält es sich bei der Nutzung einer Cloud bei einem CSP, jedoch gibt es im Detail weitere Unterschiede.

Ein Unterschied liegt in der Klärung der Verantwortung für die Verarbeitung der personenbezogenen Daten, weshalb der Begriff der Verarbeitung zu prüfen ist. Bei der Verarbeitung handelt es sich nach Art. 2 Abs. 1 DSGVO um eine automatisierte und nicht automatisierte Datenverarbeitung, sobald die Daten im Dateisystem gespeichert sind oder das Speichern in Erwägung gezogen wird. Nach Art. 4

---

[254] Vgl. Datenschutz-Grundverordnung, Bundesministerium des Innern, für Bau und Heimat, aufgerufen am 13.7.2019.
[255] Vgl. ebd.
[256] Vgl. Art. 4 Nr. 1 DSGVO.

Nr. 2 DSGVO zählt unter Verarbeitung das Erheben, Erfassen, Ordnen, Auslesen, Abfragen und Löschen von Daten.[257]

In den meisten Fällen handelt es sich beim Cloud Computing um eine Auftragsdatenverarbeitung. Während auf der einen Seite der Cloud-Nutzer die Zwecke der Verarbeitung bestimmt, verarbeiten die CSP allerdings die Daten im Auftrag des Cloud-Nutzers. Dadurch ist der Nutzer einer Cloud grds. der Verantwortliche im Sinne der DSGVO, während der Betreiber der Cloud der Auftragsverarbeiter ist. Eine Ausnahme liegt dann vor, wenn der Auftragsverarbeiter die personenbezogenen Daten zu eigenen Zwecken weiterverarbeitet. Dann ist er ebenfalls Verantwortlicher der Datenverarbeitung.[258] Der CSP bzw. dessen Geschäftsführung trägt die Verantwortung der Datenschutzkonformität im Rahmen seiner Funktion als Dienstleistungsnehmer, bei welcher er sich verpflichtet, seine Aufgaben gemäß der DSGVO und gemäß des Auftrags des Verantwortlichen durchzuführen. Sollte der CSP gegen seine Pflichten oder entgegen der Weisung des Auftraggebers/Verantwortlichen agieren, ist der CSP haftbar zu machen und auf Schadensersatz anklagbar.[259] Um die genauen Abgrenzungen und Zuständigkeiten im Detail zu klären, ist ein Auftragsverarbeitungsvertrag abzuschließen. Die Mindestinhalte des Vertrags sind:

- Gegenstand und Dauer des Auftrags
- Art und Zweck der Verarbeitung
- Art der personenbezogenen Daten
- Kategorien betroffener Personen
- Weisungsgebundenheit des Auftragsverarbeiters gegenüber dem Verantwortlichen
- Rechte und Pflichten des Verantwortlichen
- Vorgaben zum Einsatz von Unterauftragsverarbeitern
- Unterstützung des Auftraggebers bei der Erfüllung der Betroffenenrechte durch TOMs

---

[257] Vgl. Krcmar, H; Eckert, C.; Roßnagel, A.; Sunyaev, A.; Wiesche, M. (2018), S. 33.
[258] Vgl. Voigt, P.; von dem Bussche, A. (2018), S. 315.
[259] Vgl. Krcmar, H; Eckert, C.; Roßnagel, A.; Sunyaev, A.; Wiesche, M. (2018), S. 38.

- Rückgabe und Löschung der personenbezogenen Daten bei Beendigung des Vertragsverhältnisses
- Informationen für den Verantwortlichen zum Nachweis der Einhaltung der Pflichten inkl. des Prüfrechts durch den Verantwortlichen[260]

Dadurch, dass der Cloud-Nutzer Verantwortlicher ist, ist er nach Art. 28 Abs. 1 DSGVO verpflichtet einen geeigneten Auftragsverarbeiter auszuwählen, welcher die Schutzziele gewährleisten muss. Dafür kann sich der Verantwortliche einiger Zertifizierungen bedienen, welche die ordnungsgemäße Verarbeitung der Daten bestätigen. Ergänzend muss dies auch für eventuelle Unterauftragsverarbeiter des CSP gelten. Dabei können Zertifikate hilfreich sein. Die weiteren Subauslagerungsnehmer müssen in dem Vertrag zwischen dem CSP und dem Verantwortlichen aufgeführt werden.[261]

Damit die DSGVO anwendbar ist, muss zumindest ein Vertragspartner eine Niederlassung innerhalb der EU haben auch wenn innerhalb dieser Niederlassung personenbezogene Daten nicht direkt verarbeitet werden, sondern im Rahmen sonstiger Tätigkeiten wie bspw. zum Zwecke des Marketings.[262] Sollte der Verarbeiter keine personenbezogenen Daten innerhalb einer Niederlassung in der EU verarbeiten muss geprüft werden, ob dies durch den Cloud-Nutzer oder durch den Verantwortlichen der Fall ist. Dies kann vorliegen, wenn die Tätigkeitsfelder innerhalb der EU sind wie bspw. wenn Verhaltensanalysen von Betroffenen durchgeführt werden.[263] In einigen Fällen kann es vorkommen, dass der CSP weitere Anbieter in Drittländern nutzt und dorthin Datenübertragungen personenbezogener Daten stattfinden. Eine zusätzliche Rechtsgrundlage ist dafür grundsätzlich zunächst nicht notwendig, da durch die eigentliche Auftragsverarbeitung dem Verantwortlichen eine solche vorliegt. Der Verantwortliche benötigt jedoch sog. Datenschutzgarantien für die Übermittlungen nach Art. 44 ff.[264] Eine mögliche Garantieform ist dabei die Registrierung und Nutzung der EU-U.S. Privacy Shield, welche ein Schutzniveau darstellt, das der DSGVO ähnlich ist.[265]

---

[260] Art. 28 Abs. 3 DSGVO.
[261] Vgl. Voigt, P.; von dem Bussche, A. (2018), S. 316.
[262] Vgl. Krcmar, H; Eckert, C.; Roßnagel, A.; Sunyaev, A.; Wiesche, M. (2018), S. 34.
[263] Vgl. ebd.
[264] Vgl. Art. 44 ff. DSGVO.
[265] Vgl. Voigt, P.; von dem Bussche, A. (2018), S. 317.

5.3 Chancen und Risiken der beiden Systemmodelle im Kontext der Informationssicherheit und des Datenschutzes

In dem jetzigen Kapitel findet nun eine Analyse der Chancen und Risiken inkl. einer Ermittlung der Vor- und Nachteile von Cloud Computing und SbC statt. Zunächst werden die Chancen und Vorteile des Cloud Computings und der Vergleich zum SbC dargestellt. Analog wird anschließend mit den Risiken und Nachteilen des Cloud Computings verfahren. Die Analyse beinhaltet eine Evaluierung der Ergebnisse, z. T. durch Belege aus der Literatur oder durch Erkenntnisse und deren Auswertungen durch den Autor. Aufgrund des Umfangs und des thematischen Schwerpunkts der Arbeit, findet diese Analyse ausschließlich im Kontext des Datenschutzes sowie der Informationssicherheit statt.

5.3.1 Vorteile und Chancen des Cloud Computings im Vergleich mit dem SbC

Ein großer Vorteil des Cloud Computings ist die Flexibilität des Systemmodells. Die Ressourcen sind aufgrund der Variabilität durch die in Kapitel 3.2 genannten Eigenschaften kurzfristig an eventuelle Lastspitzen anpassbar, wodurch die Verfügbarkeit als IT-Schutzziel im Kontext der Rechenleistung sehr hoch ist. Zudem ist die Nutzung angemessener IT-Infrastruktur durch technische und organisatorische Maßnahmen hierbei grundlegend gewährleistet.[266] Beim SbC ist dies nicht so flexibel. Hierbei muss die IT so ausgelegt werden, dass diese auch möglichen Lastspitzen standhält. Ist dies nicht der Fall, kann es zu einer Ressourcenknappheit führen, wodurch die Wahrung der IT-Schutzziele nicht mehr sichergestellt werden kann.[267]

Teil der IT ist u. a. auch die Bereitstellung von Software, welche beim CC als „Software as a Service" angeboten werden kann. Hier besteht das Risiko, dass es zu Unverträglichkeiten in den Versionen bei der Implementierung kommen kann. Dieses Risiko wird an den CSP ausgelagert, da dieser die Funktionsfähigkeit gewährleisten muss. Der Cloud-Nutzer bekommt im optimalen Falle nicht einmal mit, dass im Hintergrund in der Cloud die Software aktualisiert wurde.[268] Analog verhält es sich bei der Hardware des Cloud Computings, die ebenfalls kontinuierlich durch den CSP aktualisiert wird. Beim SbC ist dies etwas schwieriger. Bei die-

---

[266] Vgl. §8a Abs. 1 BSIG.
[267] Vgl. Baun, C.; Kunze, M.; Nimis, J.; Tai, S. (2011), S. 10.
[268] Vgl. Bedner, M. (2013), S. 99.

sem Systemmodell muss das Unternehmen bei Einführung neuer Software und Hardware ein umfangreiches Test- und Freigabeverfahren durchführen, bevor die neuen Komponenten implementiert werden können.[269]

Bei der Auswahl des CSP ist es sinnvoll, einen vertrauenswürdigen Anbieter auszuwählen, damit die IT eine optimale Unterstützung durch den CSP erhält. Dafür gibt es die Möglichkeit, sich Zertifizierungen zeigen zu lassen sowie Prüfungen durchzuführen oder Prüfungsnachweise einzusehen.[270] Grundsätzlich gilt dabei, dass die Einhaltung der eigenen IT-Schutzziele nicht in Gefahr sind. Dafür ist es sinnvoll, SLA mit den CSP zu schließen, welche vollständig den Leistungsumfang beschreiben. Haftungsrisiken im Kontext der zugesicherten Qualitätsanforderungen (ohne Berücksichtigung des Datenschutzes) können so durch Auslagerung inkl. einer SLA-Vereinbarung an den CSP übertragen werden. Dies hat für den Cloud-Nutzer den Vorteil, dass bei Nichterfüllung vertraglicher Pflichten der Cloud-Nutzer eine Grundlage dafür hat, den CSP haftbar zu machen.[271] Die Einhaltung der IT-Schutzziele muss auch beim SbC erfolgen. Dies bedeutet, dass insb. bei kleineren und mittelgroßen Unternehmen hohe Kosten bei der Implementierung und Aufrechterhaltung der IT-Infrastruktur und IT-Sicherheit verursacht werden. Dies sowohl bei den erstmaligen Beschaffungskosten als auch bei den laufenden Kosten. Dabei muss jedoch gem. Bedner beachtet werden, dass die Wahrscheinlichkeit eines Datenverlustes (Verfehlung eines IT-Schutzziels) bei einem CSP statistisch gesehen deutlich geringer ist, als beim unternehmenseigenen Rechenzentrum. Dies wird damit begründet, dass das Know-how der Beteiligten vielfältiger und größer ist und es beim Cloud Computing einige Redundanzen gibt.[272] Bei kleineren Unternehmen mit SbC ist die Chance Daten ungewollt zu zerstören größer, da oftmals fehlende Redundanzen vorliegen. Wirtschaftlich betrachtet muss festgestellt werden, dass weniger Sicherheitsmaßnahmen im Unternehmen notwendig sind, verglichen mit einem eigenen Rechenzentrum, was zunächst eine Kostenersparnis darstellt. Bei größeren Unternehmen amortisieren

---

[269] Vgl. IT-Grundschutz M 2.487 Entwicklung und Erweiterung von Anwendungen, aufgerufen am 20.07.2019
[270] Vgl. BSI (2017), S. 6.
[271] Vgl. Bräuninger, M.; Haucap, J.; Stepping, K.; Stühmeier, T. (2012), S. 16.
[272] Vgl. Bedner, M. (2013), S. 99.

sich diese Kosten. Dadurch ist ein höheres Sicherheitsniveau wahrscheinlicher, daher lagern diese Unternehmen seltener Daten und Services an Clouds aus.[273]

Wie zuvor beschrieben, hat das IT-Schutzziel Verfügbarkeit eine hohe Bedeutung, weshalb das Thema „Ausfallsicherheit" für den Cloud-Nutzer sehr wichtig ist. Cloud Computing muss eine hohe Verfügbarkeit gewährleisten. Dies impliziert, dass auch bei einem Ausfall eines Cloud-Rechenzentrums dem Cloud-Nutzer innerhalb kürzester Zeit seine Daten zur Verfügung stehen müssen. Hierfür sieht das BSI Redundanzen vor, welche in Form eines Backup-Rechenzentrums dargestellt werden können (oder vergleichbar).[274] Zudem hat der CSP die Möglichkeit, mittels anderen CSP weitere Rechenzentren an sich zu koppeln. Dadurch stehen dem CSP sehr kurzfristig weitere Ressourcen zur Verfügung, welche er dem Cloud-Nutzer bereitstellen kann, damit dieser über seine Daten verfügen kann.[275] Die Redundanz ist beim SBC nicht verpflichtend, da diese auch nicht Bestandteil der Mindestanforderungen waren. Zwar sind Unternehmen bestrebt, eine möglichst hohe Verfügbarkeit zu erreichen, um die IT-Schutzziele sicherzustellen, allerdings ist dies auch eine Kostenfrage, da ein Backup-Rechenzentrum entsprechend teuer ist.

Ein weiterer Vorteil sind die Absicherungsmöglichkeiten beim Datendiebstahl, hier im Speziellen der Datendiebstahl auf physischer Ebene. Die physikalischen Speichermedien können inkl. der Daten gestohlen werden. Zwar sind Unternehmen, also alle CSP und jedes Unternehmen mit SbC dazu verpflichtet, entsprechende Sicherungsmaßnahmen zu implementieren, jedoch besteht das Risiko eines Diebstahls permanent. Ein Vorteil für das Cloud Computing ist die Tatsache, dass wie auch beim SbC die Daten nicht lokal abgespeichert werden müssen oder, je nach Konfiguration der Systeme, nicht abgespeichert werden können. Dadurch ist der Abgriff der Daten, wenn man die lokale Speichermöglichkeit einschränkt, deutlich schwieriger. Beim SbC ist es allerdings einfacher, die Mitarbeiter zu instruieren, zu überwachen und entsprechende Regelungen zu treffen, um den physischen Speicher zu schützen, als dass es beim CSP der Fall ist. Eine Prüfung beim CSP ist nur schwierig bis gar unmöglich durchzuführen, während die Überwa-

---

[273] Vgl. Bedner, M. (2013), S. 96.
[274] Vgl. BSI (2012a), S. 28.
[275] Vgl. Bräuninger, M.; Haucap, J.; Stepping, K.; Stühmeier, T. (2012), S. 14.

chung beim SbC in der „Herrschaft" der Unternehmensleitung bleibt.[276] Hierfür sind jedoch die SLA und sonstigen Vereinbarungen, welche die Haftung eines solchen Vorfalls klären, zu treffen.

Ob das Thema Informationssicherheit beim Cloud Computing für den Nutzer einen Vorteil oder einen Nachteil bietet, ist in der Literatur umstritten. Das Auslagern von Daten und Diensten stellt zunächst einmal ein Risiko dar, welches durch einige Bedrohungen verstärkt wird. Verglichen mit kleinen und mittelgroßen Unternehmen, haben professionell geführte CSP jedoch geschulteres Personal, da die Sicherung von Daten und Prozessen ihre Hauptaufgabe ist. Hinzu kommt, dass die Daten in einer Cloud regelmäßig verschlüsselt werden. CSP haben mehr und bessere IT-Ressourcen dazu zählen Hardware, Software etc.[277] Beim SBC müsste sich jemand erst in die Thematik einarbeiten und einige Ressourcen zur Verfügung stellen. Beim CC ist dies Teil des Services und damit hat der Nutzer selbst wenig zu tun. Kleinere Unternehmen haben jedoch oftmals nicht die Ressourcen sich mit Informationssicherheit und Datenschutz ausgiebig zu beschäftigen. Meist findet dies nur durch eine externe sporadische Prüfung und Aktualisierung statt.[278] Durch die größeren Ressourcen, sich mit der Informationssicherheit auseinanderzusetzen, sollte die Erkennung von Angriffen bei CSP i.d.R. besser sein, als bei kleinen/ mittelgroßen Unternehmen.

Im Kontext des Datenschutzes ist festzustellen, dass durch die Einführung der DSGVO die Transparenz im Cloud Computing deutlich erhöht worden ist. Heutzutage sind die Speicherstandorte offenzulegen und auch die Haftung ist eindeutig geklärt. Der Cloud-Nutzer hat durch diverse Zertifizierungen und Treffen der SLA die Möglichkeit, ein stabiles Cloud-System auszuwählen und sich rechtlich abzusichern. Beim SbC ist dies ebenfalls sehr eindeutig. Auch dort gibt es entsprechende Regelungen, die getroffen werden müssen, welche bereits in Kapitel 5.2 erfasst wurden. Das Thema der Lokalität ist hier irrelevant wenn es sich um ein unternehmenseigenes Rechenzentrum handelt, da der Serverstandort bekannt ist und die datenschutzrechtlichen Anforderungen dementsprechend geläufig sein müssen.

---

[276] Vgl. Bedner, M. (2013), S. 138.
[277] Vgl. Bräuninger, M.; Haucap, J.; Stepping, K.; Stühmeier, T. (2012), S. 13.
[278] Vgl. Bedner, M. (2013), S. 95.

5.3.1.1 Risiken und Nachteile des Cloud Computings im Vergleich mit dem SbC

Ein großes Risiko, welches durch eine Auslagerung an einen CSP entsteht, ist das sog. „Vendor Lock-in". Die Herausgabe von Daten an einen CSP sorgt für eine gewisse Abhängigkeit beim CSP. Aufgrund von Insolvenz des CSP oder aufgrund von Streitigkeiten in der Geschäftsbeziehung kann es für den Cloud-Nutzer zu gravierenden Problemen kommen. Auch wenn mittel- oder langfristig geplant ist, dass die Daten zurück auf die eigenen Systeme geholt werden oder ein möglicher Anbieterwechsel angestrebt wird, sollte bei der Auswahl des CSP sichergestellt werden, dass die Technik bekannt ist und implementiert/migriert werden kann. Andernfalls droht der Verlust von Know-how des Unternehmens.[279] Wenn der CSP die Daten des Nutzers nicht herausgeben kann/ möchte, bedarf es, wenn es überhaupt möglich sein sollte, viele Ressourcen in Form von finanziellen und personellen Ressourcen um an die Daten zu gelangen. Bedner spricht sogar davon die Hardware vom CSP, im Falle einer Insolvenz, abzukaufen.[280] Dennoch ist nicht gewährleistet, dass die Daten auf die eigenen Systeme oder einem anderen Anbieter ordentlich migriert werden können, da insbesondere beim Cloud Computing das Problem besteht, dass, wie in Kapitel 5.1.1 erwähnt, keine einheitlichen Standards bei der Verarbeitung der Daten und Technik vorliegen. Das Risiko des Vendor Lock-ins und dem damit verbundenen Verlust von Know-how liegt beim SbC faktisch nicht vor, da die Systeme und damit die Technik im Unternehmen vollständig bekannt sind.

Ein weiteres Risiko, das sich aus der Abhängigkeit gegenüber des CSP ergibt, ist die Ausübung der Rechte, welche Betroffene gem. DSGVO haben. Als Beispiel sei hier die Beauftragung durch den Betroffenen zur Löschung seiner Daten aufgeführt. Es muss sichergestellt werden, dass nach Ende der Laufzeit die Daten gelöscht werden.[281] Es ist als Cloud-Nutzer nur schwierig die Löschung zu beweisen. Der CSP kann im besten Fall eine Bestätigung darüber ausstellen, sollten allerdings weitere Subauslagerungsnehmer mit den personenbezogenen Daten anvertraut worden sein, kann sich das als schwierig gestalten. Sollte dies nicht vollkommen abgeschlossen worden sein, haftet der Verantwortliche (Cloud-Nutzer)

---

[279] Vgl. Bräuninger, M.; Haucap, J.; Stepping, K.; Stühmeier, T. (2012), S. 17.
[280] Vgl. Bedner, M. (2013), S. 102.
[281] Vgl. Art. 28 Abs. 3 DSGVO

in vollem Umfang.[282] Das Risiko der Abhängigkeit liegt beim SbC nicht vor, da die Daten im eigenen Unternehmen bleiben und demnach nur vom eigenen System gelöscht werden müssen, was vollständig in der Hand des Unternehmens liegt.

Kritisch zu bewerten ist der Verlust der vollständigen Datenherrschaft und der Kontrolle der eigenen Geschäftsprozesse durch Auslagerung an einen CSP. Das Unternehmen verliert zum Teil die Kontrolle der Daten, da es diese extern herausgibt. Die DSGVO und die Mindeststandards an IT-Sicherheit sehen zwar einige Rechte des Verantwortlichen gegenüber dem CSP vor, allerdings besteht das latente Risiko durch Herausgabe der Daten weiterhin. Dies sorgt dafür dass geprüft werden muss, welche Daten und welche Prozesse cloud-gestützt arbeiten können, um die Kontrolle der existenziellen Dienste und Daten nicht zu verlieren.[283] Beim SbC verbleiben die Daten im Unternehmen auf eigenen Servern und eine Problematik durch Verlust der Datenkontrolle liegt nicht vor bzw. wird erschwert. Durch technische Maßnahmen kann das Risiko reduziert werden, dass Daten nach außen gelangen. Jedoch kann dieses Risiko nicht vollständig beseitigt werden, da eine bewusste Weitergabe durch einen internen Mitarbeiter weiterhin möglich ist wie bspw. der Versand von Daten per E-Mail, das Kopieren von Daten auf einen USB-Stick oder durch einfache Screenshots der Daten etc. Das Unternehmen kann jedoch einen Datendiebstahl erschweren, indem bei Nutzer-Clients keine lokale Speichermöglichkeit gegeben wird und und man externe Schnittstellen (z. B. USB-Ports) deaktiviert/verschlüsselt.

Analog verhält es sich mit den Geschäftsprozessen, welche cloud-basiert arbeiten. Als Cloud-Nutzer ist man abhängig vom CSP was bedeutet, dass die Erreichung der IT-Schutzziele nicht mehr vollständig durch das Unternehmen realisiert werden kann. Wenn IT-Schutzziele aufgrund mangelnder Leistungen des CSP nicht erreicht werden ist es für den Cloud-Nutzer zunächst schwierig, Einfluss auf die Einhaltung der Services zu nehmen, um ein höheres Schutzniveau zu erzielen.[284] Diese Risiken gibt es beim SbC nicht. Im Rahmen der Einhaltung der IT-Schutzziele hat das Unternehmen vollständigen Einfluss. Es besteht kaum Abhängigkeit von einem Dienstleister, da die IT vollständig intern verwaltet werden kann. Durch die Umsetzung der Mindeststandards für Informationssicherheit ist

---

[282] Vgl. Art. 82 DSGVO.
[283] Vgl. Bräuninger, M.; Haucap, J.; Stepping, K.; Stühmeier, T. (2012), S. 17.
[284] Vgl. BSI (2012a), S. 79.

eine gute Unterstützungsmöglichkeit gegeben, der Aufgabe nachzukommen, wie in Kapitel 5.1.2 erläutert wurde.

Ein ebenfalls vorhandenes Risiko beim Cloud Computing ist der Standort der Datenspeicherung insb. im Kontext des Datenschutzes. Zwar werden die CSP und deren Sub-Auslagerungsnehmer ebenfalls verpflichtet, die Standorte bekannt zu geben, aber die Möglichkeit, in einem Drittland personenbezogene Daten zu verarbeiten, besteht. Daher muss der Cloud-Anwender, der Verantwortlicher der Datenverarbeitung ist, sehr viele Standards kennen und prüfen, ob ein gleichwertig angemessenes Informationssicherheits- und Datenschutzniveau wie in der EU vorliegt.[285] Dies kann sehr aufwändig und kostspielig sein, wodurch sich die in diesem Kapitel beschriebenen wirtschaftlichen Vorteile ebenfalls reduzieren. Zusätzlich zu den personenbezogenen Daten kann auch der Schutz von Betriebsgeheimnissen angeführt werden, welche nicht einem internationalen Gesetz, wie der DSGVO unterliegen müssen. Dieses Risiko, dass der Standort der Datenverarbeitung in einem Drittland o.ä. liegt, ist beim SbC sehr überschaubar, da die Unternehmensführung i. d. R. weiß, wo der Serverstandort ist und dementsprechend die Prüfung der lokalen Datenschutzvorgaben einfacher prüfen kann.

Generell lässt sich daher aus Sicht des Datenschutzes feststellen, dass durch Einführung der DSGVO das Cloud Computing transparenter geworden ist. Jedoch ist die Tatsache, dass der Cloud-Nutzer der Verantwortliche ist und entsprechend haftet, eine schwierige Konstellation. Der Verantwortliche muss einen Dienstleister auswählen, an welchen er sich mittel- bis langfristig bindet. Dafür hat er die Möglichkeit, Zertifizierungen des CSP und von deren Subunternehmen zu prüfen.[286] Allerdings muss er dem CSP vertrauen, da er den CSP objektiv beurteilen muss. Wie die Organisation sowie die Technik etc. beim CSP funktioniert bleibt ihm zunächst vorbehalten. Er hat zwar die Möglichkeit, sich Prüfrechte einräumen zu lassen, jedoch ist dies mit einem hohen Aufwand verbunden. Auch auf die Sicherheitsmaßnahmen des CSP hat er normalerweise keinerlei Einfluss. Daher muss er sich vertraglich bestmöglich absichern. Ein Restrisiko in diesem Kontext bleibt aufgrund der DSGVO allerdings immer bestehen.

---

[285] Vgl. Voigt, P.; von dem Bussche, A. (2018), S. 317.
[286] Vgl. Voigt, P.; von dem Bussche, A. (2018), S. 316.

In Anbetracht der Informationssicherheit sind ebenfalls einige Risiken beim Cloud Computing zu berücksichtigen. Die Anwendung und Bereitstellung einer Cloud beschäftigt viele Beteiligte an den Prozessen und der Nutzung, was eine große Herausforderung in der Aufbau- und Ablauforganisation darstellt. Es muss geprüft werden, welche Beziehung die jeweilige Person zu den jeweiligen Unternehmen hat und entsprechende Vereinbarungen müssen getroffen werden. Es muss klar sein, ob die anwesende Person im Auftrag des Datenverarbeiters oder im Auftrag des Verantwortlichen oder unberechtigten Dritten handelt und die Rechte sind auf die jeweilige Funktion nach dem Prinzip der restriktiven Rechtevergabe anzupassen. Insbesondere gilt dies auch in Anbetracht der Mandantenfähigkeit des Systems, damit kein User unberechtigt Daten von anderen Nutzern einsehen kann.[287]

Die hohe Flexibilität des Cloud Computings birgt ebenfalls Gefahrenpotential. Es bestehen im Unternehmen einige Interessenkonflikte in der Nutzung der IT. Die Unternehmensführung möchte eine möglichst sichere Umgebung haben, der angestellte Mitarbeiter möchte eine möglichst flexible und angenehme Möglichkeit der IT-Infrastruktur nutzen, welche er vielleicht aus dem privaten Bereich kennt und die IT-Abteilung möchte ein für sie einfach zu verwaltendes System nutzen. Die flexible Gestaltung wie z.B. die privaten Geräte beruflich zu nutzen erfordert eine Lockerung der Sicherheitsvorgaben, was zu Problemen führen kann.[288] Zwar könnten die IT-Nutzer möglicherweise effizienter und schneller arbeiten, allerdings muss sich die IT-Abteilung um zusätzliche, ihnen möglicherweise unbekannte Systeme kümmern. Dies erfordert auch die Öffnung weiterer Schnittstellen und damit Angriffsmöglichkeiten zum Datenabgriff von extern. Die Flexibilität ist beim SbC nicht so hoch wie beim Cloud Computing. Allerdings ist das Risiko des Datendiebstahls innerhalb des eigenen Systems niedriger einzustufen. Die Übertragung findet durch das Remote-Desktop-Protokoll satt, wodurch eine gesicherte Verbindung gewährleistet wird, was einen externen Zugriff erschwert. Üblicherweise wird zudem ein Thin Client als Endgerät genutzt. Dies erhöht die Sicherheit, da kein Austausch von Daten im eigentlichen Sinne stattfindet, sondern lediglich

---

[287] Vgl. BSI (2012a), S. 44.
[288] Vgl. Bräuninger, M.; Haucap, J.; Stepping, K.; Stühmeier, T. (2012), S. 34.

die Visualisierung der Serveroberfläche.[289] Um flexibler arbeiten zu können, müssten Schnittstellen extern geöffnet werden, was zu Sicherheitsrisiken führt. Clouds sind für Hacker ein attraktiveres Ziel zur Datenspionage, Sabotage und für Datendiebstahl, weshalb diese meist gefährdeter sind und häufiger Angriffsziele darstellen. Clouds bestehen oftmals aus komplexen Systemen, welche untereinander gut abgestimmt sein müssen. Dies birgt die Gefahr, dass Fehlfunktionen, menschliche Fehler und bewusstes Versagen durch externe Angriffe ausgenutzt werden, um Schadsoftware auf die Cloud aufzuspielen oder Datendiebstahl zu betreiben.[290] Zwar liegt auch für CSP die Pflicht eines ISMS vor, allerdings ist dies ein latentes Risiko, welches nicht vollständig geschlossen, sondern nur minimiert werden kann. Das SbC ist ein relativ unattraktives Ziel für Hacker (bei kleinen/mittelgroßen Unternehmen), da dies maximal nur ein Unternehmen betrifft. Mit einer funktionierenden Firewall, welche Pflicht ist, kann ein solcher Angriff frühzeitig abgefangen und der Server im Notfall vom Internet abgetrennt werden. Damit ist der Zugriff extern automatisch unterbunden.[291] Sollte ein Client physisch abgegriffen werden, kann dieser Client einfach vom Server ausgeschlossen werden, wodurch der Zugriff auf die Daten unterbunden wird. Ein Restrisiko des bewussten Falschhandelns liegt jedoch vor, indem bewusst Schnittstellen geöffnet werden, die Zugriffe extern ermöglichen oder abhanden gekommene Clients bewusst nicht ausgeschlossen werden.

Ein weiteres Risiko stellt die Ausfallsicherheit dar. Zwar sind die CSP redundant abgesichert, allerdings muss immer eine Internetverbindung sichergestellt werden. Wenn keine Internetverbindung aktiv ist, kann der Cloud-Nutzer nicht arbeiten, da er nicht über die Daten und Services verfügen kann. Dieses Problem hat nicht nur der Cloud-Nutzer, indem er bspw. eine Leitungsstörung in der Internetleitung hat, sondern auch der CSP, der seine Daten über das Internet bereitstellt.[292] Je nach Ausgestaltung ist es möglich, dass beim SbC trotz Internetausfalls weitergearbeitet werden kann, da beim SbC ein eigenes Netzwerk vorliegt, was nicht direkt mit dem Internet verbunden sein muss (z. B. Intranet).[293]

---

[289] Vgl. Göbel, C. (2014), S. 7.
[290] Vgl. Vossen, G.; Hasselmann, T.; Hoeren, T. (2012), S. 176.
[291] Vgl. Christmann, S.; Hagenhoff, S. (2010), S. 24.
[292] Vgl. BSI (2012a), S. 79.
[293] Vgl. Stingl, C. (2006), S. 7.

Gemäß Bedner kommt es vor, dass Unternehmen, welche Cloud Computing einsetzen, die (vielen Mitarbeitern zugängliche) Firmenkreditkarte nutzen, um u. a. Speicherplatz für die Cloud zu kaufen, was nicht immer in Abstimmung mit der eigenen IT-Abteilung erfolgt. Dadurch entsteht eine Art „Schatten-IT", welche durch die unternehmenseigene IT-Abteilung nur schwierig zu kontrollieren und zu verwalten ist, geschweige denn, dass sie bekannt ist.[294] Dadurch ist es als Unternehmen schwierig, eine sichere IT-Umgebung zu haben, wenn die Ausmaße ggf. nicht vollständig bekannt sind. Beim SbC ist die Bildung einer Schatten-IT nicht oder nur sehr schwierig möglich, da die IT-Infrastruktur nur durch Freigabe und Implementierung durch die unternehmenseigene IT-Abteilung erfolgen kann. Dazu kommt noch ein Test- und Freigabeverfahren, bevor die Implementierung erfolgt sowie die Bereitstellung der Treiber, damit die Infrastruktur betrieben wird. Dadurch weiß die unternehmenseigene IT-Abteilung, welche technischen Komponenten aktiv sind.[295]

Generell gilt, dass die Risiken, die durch Auslagerung von Daten und Services an einen CSP entstehen, gegenüber wirtschaftlichen Vorteilen abzuwägen sind.

---

[294] Vgl. Bedner, M. (2013), S. 104.
[295] Vgl. IT-Grundschutz M 2.487 Entwicklung und Erweiterung von Anwendungen, aufgerufen am 22.07.2019

6 Evaluierung der Ergebnisse

Nachdem im vorherigen Kapitel nun die rechtlichen Rahmenbedingungen der beiden Themenschwerpunkte sowie die daraus resultierenden Chancen und Risiken analysiert wurden, werden nun objektive Kriterien zur Bewertung der Risiken verwendet. Hierfür wird eine Studie der Bitkom Research GmbH, im Auftrag der KPMG, als objektives Messkriterium hinzugezogen, bei welcher eine repräsentative Anzahl an Unternehmen befragt wurde. Die Studie „Cloud-Monitor 2019 – Public Cloud und Cloud Security sind kein Widerspruch" ist eine seit acht Jahren jährlich stattfindende Umfrage und Berichterstattung im Kontext des Cloud Computings. Sie ist die umfassendste und aktuellste Studie, die durch den Autor gefunden wurde. Seit drei Jahren befasst sich der Cloud-Monitor in der Analyse intensiv mit der Cloud Security und dem Datenschutz,[296] weshalb der Cloud-Monitor eine sinnvolle Studie im Kontext dieser Arbeit darstellt. Jedoch sind auch einige Parameter in der Studie, welche für die Themen Informationssicherheit und Datenschutz nicht relevant sind. Diese Aspekte werden außen vorgelassen. Ebenfalls ist der Hauptfokus des Cloud-Monitors 2019 die Public Cloud als Cloud-Variante. Für diese Arbeit ist dieser Fakt jedoch von nichtiger Relevanz, da eine kritische Würdigung des Cloud Computings stattfindet und die Befragten der Studie die Public Cloud kritischer betrachten, als eine Private Cloud, was anhand der Nutzerzahlen zu sehen ist.[297] Daher ist eine Würdigung unter diesem Gesichtspunkt sogar als vorteilhafter zu sehen. Zu beachten ist, dass das SbC in diesem Kontext weitgehend außer Acht gelassen wird, da dies nicht Bestandteil der Studie ist.

Dieses Kapitel beginnt mit einer Beschreibung der Studienergebnisse, welche relevant für diese Arbeit sind. Anschließend werden die Ergebnisse der Studie mit den Ergebnissen der Chancen und Risiken aus Kapitel 5.3 verglichen und geprüft, ob und welche Relevanz die befragten Unternehmen in diesem Kontext sehen. Anschließend wird geprüft, ob welche Ergebnisse im Kontext des SbC aus der Studie abgeleitet werden können.

---

[296] Vgl. KPMG (2019), S. 3.
[297] Vgl. KPMG (2019), S. 7.

6.1 Analyse der KPMG-Studie

Für die Studie wurden 553 Unternehmen mit mindestens 20 Mitarbeitern befragt, welche von ihrer Größe in drei Gruppen aufgeteilt wurden. Die Erste Gruppe sind Unternehmen mit 20 bis 99 Mitarbeiter, die zweite mit 100 bis 1999 Mitarbeiter und die dritte mit mehr als 2000 Mitarbeiter. Die KPMG stuft das Cloud-Monitorring selbst als repräsentativ ein,[298] was für den Autor dieser Arbeit ebenfalls gilt. Die prozentuelle Aufteilung der Gruppen kann der nachfolgenden Grafik entnommen werden:

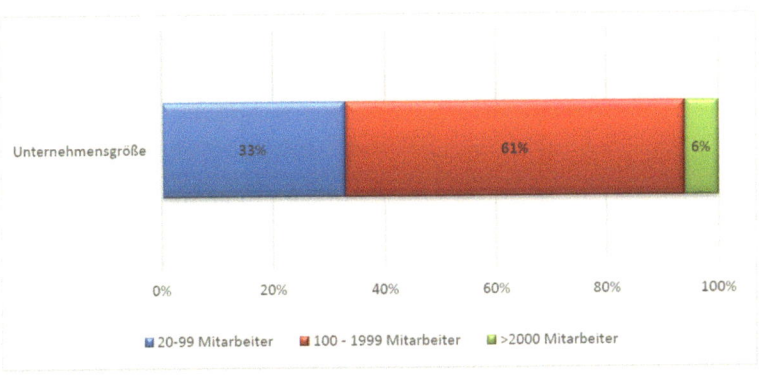

Abbildung 11: Prozentuelle Verteilung der Unternehmensgröße[299]

Die Positionen der befragten in den Unternehmen waren die vier nachfolgenden Gruppen inkl. ihrer prozentuellen Verteilung:

- CEO Geschäftsführer (15 %)
- CIO Geschäftsführer (18 %)
- CTO Geschäftsführer (2 %)
- IT-Führungsposition (65 %)[300]

Die Auswertung der Studie beginnt mit der Frage, ob die befragten Unternehmen Cloud Computing nutzen oder ob eine Nutzung geplant sei. Die Frage wurde für das Cloud Computing, wie auch speziell nach den Varianten Private Cloud und Public Cloud gestellt. Für diese Arbeit genügt die Übersicht der allgemeinen Nut-

---

[298] Vgl. KPMG (2019), S. 4.
[299] Eigene Darstellung in Anlehnung an KPMG (2019), S. 4.
[300] Vgl. ebd.

zung von Cloud Computing, da die Tendenz der Ergebnisse für die speziellen Varianten analog ausgefallen ist. Die nachfolgende Grafik zeigt die Entwicklung der letzten fünf Jahre in diesem Kontext:

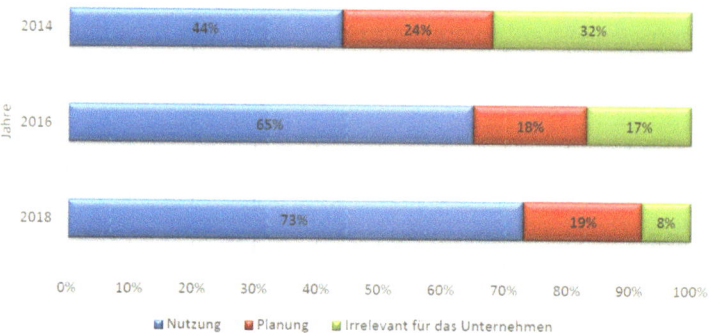

Abbildung 12: Entwicklung der Nutzer/Planer des Cloud Computings seit 2014[301]

Anhand der Grafik ist zu erkennen, dass seit 2014 ein Anstieg von fast 20 Prozentpunkten an Cloud-Nutzern zu verzeichnen ist. Der Anteil der Unternehmen, die sich nicht mit dem Cloud Computing auseinandersetzen ist um 75 % im gleichen Zeitraum gesunken.[302] Dies zeigt, dass das Cloud Computing ein relevantes Thema für den Großteil der Unternehmen darstellt und daher eine genaue Betrachtung sinnvoll ist.

Die wichtigsten Auswahlkriterien für Cloud-Nutzer bzw. -Interessenten stellen im allgemeinen Datenschutzkriterien und Informationssicherheitskriterien dar. Von insgesamt 14 Kriterien sind 12 direkt oder indirekt den beiden Themen zuzuordnen. Vor allem die Konformität mit der DSGVO stellt mit 97 % das wichtigste Auswahlkriterium dar, für 90 % ist dieses Kriterium ein Pflichtkriterium bei der Auswahl. Ebenfalls wichtig sind spezielle Anforderungen durch die Cloud-Nutzer bspw. die Hochverfügbarkeit des CSP, die Ausfall-, Funktions- und Betriebssicherheit, welche mit 83 % als Pflichtkriterium das zweitwichtigste darstellt.[303] Diese Anforderungen sind der Informationssicherheit und dem Datenschutz zuzuord-

---

[301] Eigene Darstellung in Anlehnung an KPMG (2019), S. 7.
[302] Vgl. ebd.
[303] Vgl. KPMG (2019), S. 9.

nen. Die Transparenz der Sicherheitsfunktionen und deren Kontrolle stellt mit 79 % Pflichtkriterium die drittwichtigste Anforderung dar. Anhand dieser Werte ist die Wichtigkeit und die Präsenz der Themen Informationssicherheit, Datensicherheit und Datenschutz erkennbar. Die Datensicherheit ist zudem ein Aspekt, der in den letzten Jahren kontinuierlich gestärkt wurde und gemäß Aussage der Nutzer zugenommen hat. Lediglich 8 % der Nutzer sehen eine Abnahme der Datensicherheit bei der Cloud, dennoch wünscht der überwiegende Teil der befragten Nutzer eine Zunahme der Datensicherheit.[304]

Bei der Befragung von Unternehmen, die keine Public Cloud nutzen (149 Unternehmen)[305]nach eventuellen Hürden, äußerten ca. die Hälfte der Unternehmen Befürchtungen über unberechtigten Zugriff auf sensible Unternehmensdaten. 64 Unternehmen befürchten einen Datenverlust innerhalb einer Public Cloud. Der Verlust von Daten spiegelt sich auch in der Sorge, wichtiges Know-how zu verlieren. Diese Sorge wurde von 43 Unternehmen geäußert. Weitere wesentliche Kriterien sind rechtliche Bedenken für die Public Cloud-Nutzung bzgl. Unklarheiten als auch rechtliche Hindernisse gegen die Nutzung der Public Cloud.[306]

Eine weitere Erkenntnis ist, dass die Public Cloud Variante für kritische Anwendungen und Prozesse nicht oft verwendet wird. Von den befragten Unternehmen (226) kristallisiert sich jedoch heraus, dass große Unternehmen (>2000 Mitarbeiter) recht häufig für sensible Bereiche die Public Cloud verwenden. Mit 21 % Nutzungsquote ist dieses Ergebnis deutlich höher, als bei kleineren Unternehmen. Vor allem Unternehmen mit 20 bis 99 Mitarbeitern haben den niedrigsten Anteil mit einer Quote von 7 %.[307] Ein Großteil der Unternehmen nutzt die Public Cloud überwiegend für keinerlei kritische Anwendungen und Prozesse. Im Schnitt sind es 41 % wobei dieser Wert durch den Zuwachs der kleineren und mittelgroßen Unternehmen entstanden ist, welche zu 40 % bzw. 45 % unkritische Anwendungen in der Public Cloud nutzen.[308]

---

[304] Vgl. KPMG (2019), S. 14.
[305] Die in Klammern befindlichen Zahlen zeigen die befragte Anzahl der Personen zu der jeweiligen Frage.
[306] Vgl. KPMG (2019), S. 15.
[307] Vgl. KPMG (2019), S. 17.
[308] Vgl. ebd.

Ein ähnliches Bild spiegelt sich auch in der Speicherung der Daten wieder. Während 81 % der Unternehmen, die eine Public Cloud verwenden, im Jahre 2018 diese für die Speicherung unkritischer Businessinformationen verwenden, nutzten im gleichen Jahr nur 33 % die Public Cloud zur Speicherung kritischer Businessinformationen. Auch nutzten nur weniger als die Hälfte, nämlich 47 % der Cloud-Nutzer im Jahre 2018, die Public Cloud zur Speicherung von personenbezogenen Daten. Anhand dieser Ergebnisse ist zu erkennen, dass die Unternehmen eine Grundskepsis gegenüber der Public Cloud haben. Dennoch ist ein deutlicher Trend zu erkennen: Nutzten 2018 47 % der Cloud-Anwender diese zur Speicherung personenbezogener Daten, waren es im Jahre 2016 nur 27 %. Das Vertrauen in die Public Cloud scheint zu wachsen.[309]

Bei der Frage nach Problemen bei der Integration der Cloud (variantenunabhängig) hatten über die Hälfte der befragten Unternehmen (226), die eine Cloud-Lösung verwenden, Probleme. Lediglich 43 % der Nutzer hatten keine Probleme bei der Integration. Die größten Probleme waren dabei die Umsetzung interner Sicherheitsanforderungen (35 %) sowie die Umsetzung interner Compliance-Anforderungen (29 %).[310] Technische Probleme lagen, in unterschiedlichen Ausprägungen, bei ca. jedem fünften Cloud-Nutzer vor.[311]

Aus der Studie geht hervor, dass es nur bei 32 % der Cloud-Nutzer keine Beanstandungen/ Probleme bei der Nutzung gab. Die Gründe für angefallene Probleme sind unterschiedlich ausgeprägt. Diese wurden in der nachfolgenden Grafik aufbereitet:

---

[309] Vgl. KPMG (2019), S. 18.
[310] Vgl. KPMG (2019), S. 22.
[311] Vgl. ebd.

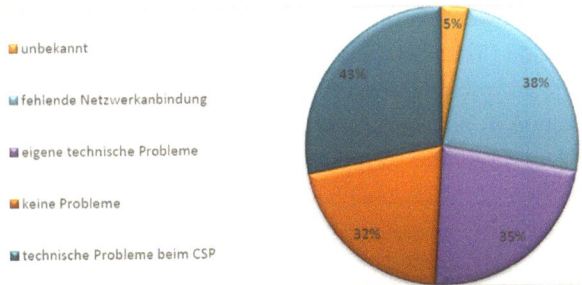

Abbildung 13: Ausfälle im Cloud Computing prozentual nach Grund[312]

Auffällig ist, dass die größte Fehlerquelle der CSP ist, welche mit 43 % angegeben wurde. Ebenfalls große Fehlerquellen stellen die fehlende Netzwerkanbindungen sowie eigene IT-Probleme dar.[313] Obwohl die größte Fehlerquelle beim Anbieter liegt, haben nur 1 % der Unternehmen den CSP gewechselt, 10 % der Unternehmen haben die bestehenden Verträge mit dem CSP nachverhandelt und 30 % haben einen Notfallplan für das Szenario des Ausfalls erarbeitet bzw. angepasst.[314]

Anhand der Studienergebnisse lässt sich feststellen, dass eintretende Sicherheitsvorfälle nicht ausschließlich beim CSP stattfinden. 37 % aller Befragten (553) bestätigten innerhalb der letzten zwölf Monate einen Sicherheitsvorfall bei ihren Daten gehabt zu haben, bei 32 % gibt es einen Verdacht auf einen solchen Vorfall. Bei 26 % der befragten Cloud-Nutzer (226), wurden Sicherheitsvorfälle bei der Public Cloud festgestellt.[315] Zwar ist dies prozentual gesehen niedriger, jedoch sind bei der ersten Frage alle Unternehmen, also auch ohne Cloud-Nutzung befragt worden. Das bedeutet, dass wenn ein Vorfall vorliegt, dies zwangsläufig auf dem eigenen System sein muss. Dennoch ist das Ergebnis, auch nach Auffassung der KPMG eindeutig, die interne IT ist öfter betroffen als die Public Cloud und wird mit dem Fakt untermauert, dass dies auch im Vorjahr der Fall war.[316]

---

[312] Eigene Darstellung in Anlehnung an KPMG (2019), S. 23.
[313] Vgl. KPMG (2019), S. 23.
[314] Vgl ebd.
[315] Vgl. KPMG (2019), S. 24.
[316] Vgl. ebd.

Von allen befragten Unternehmen, welche Interesse am Cloud Computing haben oder bereits Nutzer sind (521), besitzen mehr als die Hälfte (55 %) Sicherheitskonzepte für ihre Cloud-Anwendungsszenarien. 40 % der Unternehmen besitzen so etwas nicht, weitere 5 % haben darüber keine Angaben gemacht. Bei den Cloud-Nutzern sind es 57 % der Unternehmen (396), die Sicherheitskonzepte vorliegen haben, bei den interessierten Planern und Diskutierern von Cloud Computing haben lediglich 45 % der Unternehmen ein Sicherheitskonzept.[317] Gemäß der KPMG sollten von vornherein Sicherheitskonzepte Bestandteil bei der Planung des Einsatzes von Cloud Computing sein. Dies vor allem deshalb, um den Sicherheitsanforderungen des Cloud Computings zu genügen und um diese Sicherheitskonzepte in das eigene IT-Sicherheitskonzept mit zu verarbeiten.[318] Dieser Auffassung folgt der Autor dieser Arbeit.

65 % der Cloud-Nutzer (396) verwenden Security Services zur Absicherung ihrer Cloud. Bei 95 % der Security Service Nutzer findet ein Datenzugriff nur nach Benutzerverifizierung/-anmeldung statt. 84 % der Security Service Nutzer haben ein Monitoring der Geräte von denen aus Zugriffe erfolgen, administrative und privilegierte Nutzer-Accounts werden von 82 % der Service Nutzer verwendet und 79 % verschlüsseln die Daten in der Cloud. Diese Maßnahmen sorgen für eine frühzeitige Erkennung von Sicherheitsvorfällen und ermöglichen es eventuelle Gegenmaßnahmen einzuleiten.[319]

Im Kontext einer möglichen Schatten-IT und der Nutzung von Public Cloud-Diensten finden bei annähernd der Hälfte (48 %) der Unternehmen keine Kontrollen statt, bei weiteren 24 % der befragten Unternehmen (553) regelmäßig und bei 24 % wird der Sachverhalt ad-hoc geprüft. Dies erfolgt in 74 % der Unternehmen mit Security Services (297) durch Auswertung von Logfiles der Firewall, welches die häufigste Kontrollform darstellt.[320] In mehr als der Hälfte der Fälle werden Softwarelösungen für die Kontrolle verwendet und in 29 % werden die Kreditkarte und Rechnungen der Fachabteilungen geprüft.[321]

---

[317] Vgl. KPMG (2019), S. 25.
[318] Vgl. ebd.
[319] Vgl. KPMG (2019), S. 26.
[320] Vgl. KPMG (2019), S. 27.
[321] Vgl. ebd.

6.2 Auswertung der Chancen und Risiken des Cloud Computings im Kontext der KPMG-Studie

Um die Ergebnisse der Studie mit den Erkenntnissen dieser Arbeit zu vergleichen und zu evaluieren, wurden die wesentlichen Chancen und Risiken des Cloud Computings aus Kapitel 5.3 in der nachfolgenden Tabelle2 zusammengefasst. Es muss jedoch beachtet werden, dass es sich hierbei um Chancen und Risiken handelt, welche ausschließlich im Rahmen der Literatur und durch gesetzliche/aufsichtsrechtliche Vorgaben erarbeitet und abgeleitet wurden. Ziel ist es herauszufinden, ob die genannten Aspekte für die befragten Unternehmen relevant sind und wie sich diese in der Praxis auswirken. Dafür werden zunächst die Chancen und Vorteile des Cloud Computings ausgewertet und anschließend die Risiken und Nachteile.

Cloud Computing	
Chancen und Vorteile	**Risiken und Nachteile**
• Flexibilität/ hohe Verfügbarkeit • Softwareverwaltung • Schadensersatzforderung gegenüber CSP möglich • Datenverlust unwahrscheinlicher • weniger Sicherheitsmaßnahmen notwendig • Ausfallsicherheit/ Verfügbarkeit • physischer Datendiebstahl schwierig • geschulteres Personal im ISMS • Qualität und Quantität IT-Infrastruktur • Einführung der DSGVO gestaltet Cloud Computing transparenter	• Abhängigkeit vom CSP in allen ausgelagerten Bereichen • Verlust von Know-how im Kontext der Abhängigkeit durch Vendor Lock-in • Verlust der Datenherrschaft • Ausübung Betroffenenrechte nach DSGVO • Speicherstandort der Daten möglicherweise im Drittland • Haftung bei DSGVO-Verstößen durch CSP • Mehrmandantenfähigkeit/ Berechtigung schwierig/ unübersichtlich • Interessenkonflikte im Unternehmen • Datendiebstahl durch offene Schnittstellen • Fehlfunktionen durch falsch konfigurierte Schnittstellen

Tabelle 2: Vergleich der Chancen und Risiken im Cloud Computing[322]

---

[322] Eigene zusammenfassende Darstellung des Kapitels 5.3.

Der Vorteil des Cloud Computings eine hohe Flexibilität zu besitzen, zeigt sich in der Studie an unterschiedlichen Punkten. Dies ist an den Auswahlkriterien zu erkennen, welche Cloud-Nutzer an die Anbieter haben. Hier sind in den genannten Antworten die Aspekte „spezielle Anforderungen", „Integrationsfähigkeit der Lösungen" und „Interoperabilität verschiedener Provider-Lösungen" wiederzufinden. Die speziellen Anforderungen beinhalten u. a. den Aspekt der Hochverfügbarkeit des CSP,[323] was das IT-Schutzziel Verfügbarkeit stärkt. Die Integrationsfähigkeit der Lösungen sowie die Interoperabilität verschiedener Provider-Lösungen deuten auf eine flexible Ausgestaltung hin, da viele Unternehmen unterschiedliche Systemumgebungen haben, welche alle mit der Cloud des CSP interagieren müssen. Diese Aspekte deuten auf die Flexibilität des Cloud Computings hin, wodurch dieser Punkt als sehr großer Vorteil bestätigt ist.

Der Vorteil des SaaS sowie der sich stets beim CSP aktualisierenden Infrastruktur geht aus der Umfrage nicht eindeutig hervor. Zwar wird beschrieben, dass ca. 59 % der Cloud-Nutzer kritische Anwendungen und Umgebungen per Cloud Computing nutzen,[324] allerdings geht nicht hervor, wie es sich bei unkritischen Anwendungen verhält und die Gründe für eine Nutzung der Anwendungen über Cloud bzw. warum die Nutzung nicht über die Cloud erfolgt. Daher ist in diesem Kontext keine Aussage möglich.

Bei der Auswahl eines vertrauenswürdigen CSP können objektive Zertifikate unterstützen und auch die Durchführung von Prüfungen kann dabei helfen. Dies vor allem vor dem Hintergrund, die IT-Schutzziele einzuhalten. Diese Anforderungen werden auch im Rahmen der Studie bestätigt und mit dem Aspekt ergänzt, dass die Sicherheitsarchitektur transparent sein muss. Letztere sehen 79 % der Befragten als Must-have und 21 % als Nice-to-have an, bei den Zertifikaten sind es 65 % bzw. 32 %.[325] Dies lässt darauf schließen, vor allem wenn der Aspekt der DSGVO-Konformität mit berücksichtigt wird, dass die Cloud-Nutzer sich der Wichtigkeit des Datenschutzes sowie den daraus resultierenden Haftungsrisiken bewusst sind und sich deshalb versuchen, bestmöglich abzusichern. Diese Maßnahmen, vor allem die objektiven Zertifizierungen, stellen aus Sicht des Autors eine gute Lösung dar und daher einen Vorteil. Die SLA sind in dieser Studie nicht

---

[323] Vgl. KPMG (2019), S. 9.
[324] Vgl. KPMG (2019), S. 17.
[325] Vgl. KPMG (2019), S. 9.

Thema gewesen, wodurch dazu kaum eine Aussage getroffen werden kann. Aus dem in Kapitel 5.3 geschriebenen Kontext lässt sich jedoch schließen, dass die SLA ein wesentlicher Bestandteil ist und ebenfalls ein wichtiges Auswahlkriterium sein sollte. Diese Aussage wird durch Bräuninger et. al. bestätigt.[326] Auch die Datensicherheit wird von 54 % der Cloud-Nutzer in der Studie bestätigt, dass diese zugenommen hat. Dies ist, mit der zusätzlichen Erkenntnis von Bedner, dass die Wahrscheinlichkeit eines Datenverlustes bei einer Cloud niedriger ist als bei einem eigenen Rechenzentrum,[327] ein weiterer deutlicher Vorteil zugunsten des Cloud Computings.

Um das IT-Schutzziel Verfügbarkeit zu erhöhen, muss die Ausfallsicherheit möglichst hoch sein. Gemäß der Vorgaben des BSI sind dafür Redundanzen vorgesehen, die ein CSP haben muss, welche auch über einen anderen CSP oder durch ein Backup-Rechenzentrum bezogen werden können. Diese Anforderung stellen die Cloud-Nutzer, wie zuvor beschrieben, an den CSP durch das Hochverfügbarkeitskriterium. Zusätzlich verfolgen die Cloud-Nutzer eine Multi-Provider-Strategie bei mehreren Anbietern: 24 % der Cloud-Nutzer verwenden dieses System um einen flüssigen Produktivbetrieb zu gewährleisten. Dies hat den Vorteil, dass die Abhängigkeit (Vendor Lock-in) reduziert wird und weitere Redundanzen bei einem eventuellen Ausfall vorliegen. Dies kann eine Folge dessen sein, dass sich Cloud-Nutzer über Ausfälle bei ihren CSP beklagten.[328] Hier wird eine Chance gesehen, das IT-Schutzziel besser darzustellen als beim reinen SbC, da mehrere Rechenzentren zwischengeschaltet und bei einem Ausfall schneller gewechselt werden kann. Diese Redundanz liegt beim SbC nicht verpflichtend vor. Deshalb wird dieser Aspekt final als Vorteil gesehen.

Die Frage nach der Informationssicherheit ist nach Analyse der Studie nur schwierig zu beantworten. Zwar zeigt die Studie, wie zuvor geschrieben, dass die Befragten Wert auf die Datensicherheit legen, diese aus ihrer Sicht zugenommen hat und dass eine weitere Zunahme dieses Themas erwünscht ist, jedoch antworten die Unternehmen, die keine Cloud nutzen mit Gründen, die überwiegend auf

---

[326] Vgl. Bräuninger, M.; Haucap, J.; Stepping, K.; Stühmeier, T. (2012), S. 16.
[327] Vgl. Bedner, M. (2013), S. 99.
[328] Vgl. KPMG (2019), S. 19.

eine mangelnde Informationssicherheit schließen lassen.[329] Dies wird durch die nachfolgende Grafik ersichtlich:

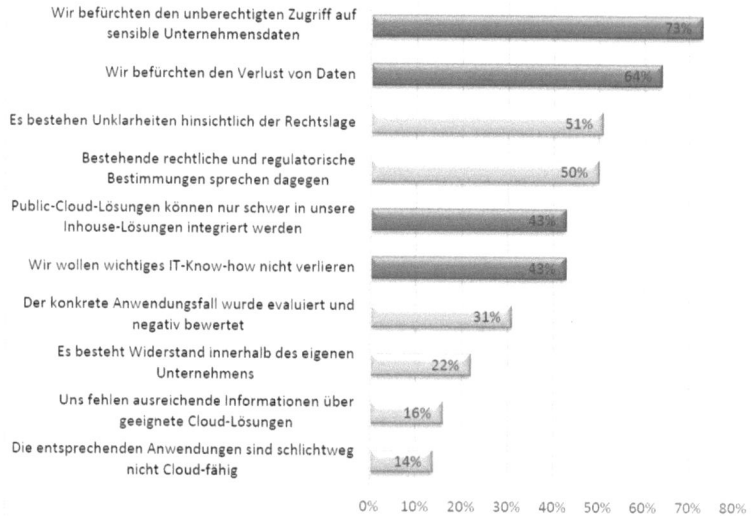

Abbildung 14: Hürden zur Nutzung des Cloud Computing gemäß KPMG-Studie[330]

Anhand der Grafik ist zu erkennen, dass vier der sechs Top-Antworten auf Bedenken im Rahmen der Informationssicherheit hindeuten (blaue Markierung). Dennoch muss festgehalten werden, dass dieses Thema in der Praxis positiv aufgefasst wird. Aus Sicht des Autors sind die Aussagen der Cloud-Nutzer daher relevanter, da sie aus der Praxis stammen und demnach besser beurteilt werden können. Die wichtigste Aussage ist aus Sicht des Autors, dass die Cloud-Nutzer die Steigerung der Datensicherheit bestätigen. Dadurch sieht der Autor keine Senkung der Informationssicherheit, sondern eher eine Stärkung in dieser Thematik und damit eine Chance/ einen Vorteil.

Die Aussage in Kapitel 5.3, dass die Transparenz im Cloud Computing durch Einführung der DSGVO gestiegen ist, lässt sich ebenfalls aus der Studie ableiten. Neben dem bereits erwähnten Kriterium der DSGVO-Konformität, sind die weiteren Kriterien, die Unternehmen an den CSP stellen, ebenfalls Teil der Pflichtangaben

---

[329] Vgl. KPMG (2019), S. 15.
[330] Eigene Darstellung in Anlehnung an KPMG (2019), S. 15. Es wurden die addierten Werte der Befragung ohne Einteilung in „Trifft voll und ganz zu" und „Trifft eher zu" übernommen.

im Rahmen der DSGVO. Insbesondere das in Kapitel 2.4 erwähnte Marktortprinzip spiegelt sich in den Kriterien wieder: Für 72 % der Unternehmen ist es ein Must-have, dass die Rechenzentren des CSP in Deutschland sind, bzw. 66 % sehen es als Pflicht, dass die Rechenzentren des CSP sich in der EU befinden. Eine ähnliche Zahl findet sich bei der Anforderung, dass der Hauptsitz des CSP im Rechtsgebiet der EU ist. Aus Sicht des Autors ist es so für die Unternehmen durch die DSGVO einfacher, einen CSP auszusuchen und so den Datenschutz leichter umzusetzen. In diesem Zusammenhang ist auch das durch die Literatur erarbeitete Risiko, dass der Speicherstandort der Daten möglicherweise in einem Drittland sein könnte, hinfällig, da eine Offenlegung zum einen Pflicht ist und zum anderen auch durch die Nutzer verlangt wird. Die Transparenz durch Offenlegungspflichten des CSP wird hier als Vorteil gewertet.

Eins der größten Nachteile und Risiken, welche aus der Literatur erarbeitet wurden, ist die Abhängigkeit vom CSP. Das Vendor Lock-in ist in allen an den CSP ausgelagerten Bereichen vorhanden. Die aus dem Vendor Lock-in resultierenden Risiken wurden bereits ausführlich in Kapitel 5.3 erläutert. Die Bedenken der Cloud-Nutzer zu diesem Thema können aus einigen Antworten aus der Studie interpretiert werden. Zum einen findet sich bei den Auswahlkriterien für einen CSP das Kriterium „Ausstiegsstrategie (Exit) im Vertrag regelbar", das mit 75 % als Must-have-Kriterium angesehen wird.[331] Hier ist ein Anzeichen dafür, dass der Cloud-Nutzer sich der Abhängigkeit entziehen möchte, indem er, sollte es zu Problemen mit dem CSP kommen oder der Vertrag mit dem CSP auslaufen, die Modalitäten für die Auflösung bzw. Beendigung mitbestimmen will. Zum anderen findet sich bei der Frage nach den Bedenken, wie in Abbildung 14 ersichtlich, dass Unternehmen wichtiges IT-Know-how nicht verlieren möchten, was durch 43 % der Unternehmen ohne Cloud Computing bestätigt wird.[332] Das Risiko des Know-how-Verlusts durch die Abhängigkeit vom CSP wurde in dieser Arbeit bereits beschrieben, weshalb die Vermutung in diesem Kontext vorliegt. Eine Bestätigung, dass ein Vendor Lock-in vorliegt, kann anhand der Ergebnisse auf Seite 23 der Studie interpretiert werden. Dort ist zu erkennen, dass obwohl 43 % der befragten Unternehmen, die Cloud Computing nutzen, technische Probleme seitens des CSP mit deren Cloud hatten, lediglich 1 % der Unternehmen den CSP gewechselt

---

[331] Vgl. KPMG (2019), S. 9.
[332] Vgl. KPMG (2019), S. 15.

haben. 30 % haben den Notfallplan angepasst und lediglich 10 % der Unternehmen haben die Verträge mit dem CSP nachverhandelt. Der Großteil (61 %) der Befragten hat nichts davon getan. Es fand bei den betroffenen Unternehmen ebenfalls kein Wechsel in eine Multi-Provider-Strategie statt.[333] Diese Strategie, u. a. zur Sicherstellung der Redundanz, würde die Abhängigkeit von nur einem Anbieter reduzieren.[334] Gründe für diese geringe Handlungsbereitschaft können möglicherweise sein, dass es nur geringe Beeinträchtigungen von kurzer Dauer waren und daher als tragbar durch den Cloud-Nutzer eingestuft wurden. Ein weiterer Grund kann jedoch sein, dass es Schwierigkeiten bei der Implementierung gab und die Unternehmen diese Schwierigkeiten nicht erneut haben möchten. Die Schwierigkeiten wurden von ca. 20 % der Unternehmen bestätigt und nur 43 % der Unternehmen hatten eine problemlose Implementierung der Cloud.[335] Die Gründe können demnach doch auf einen Vendor Lock-in deuten. Das Risiko in dem Kontext ist grundsätzlich hoch, allerdings kann das Unternehmen/ der Cloud-Nutzer durch Implementierung einer Multi-Provider-Strategie dieses Risiko deutlich reduzieren.

Ein weiteres Risiko liegt nach Analyse der Literatur im Verlust der vollständigen Datenherrschaft durch den Verantwortlichen bei Weitergabe der Daten an den CSP. Viele der in der Studie aufgeführten Hürden für Nicht-Nutzer deuten auf eine Sorge um den Verlust der Datenherrschaft hin. In Abbildung 14 sind dies drei von vier Antworten der Informationssicherheit betreffend (blaue Markierungen). Dies würde zunächst die Annahme bestätigen. Ein weiterer Ansatz findet sich in der Auswertung der in der Cloud abgelegten Daten. Die nachfolgende zusammenfassende Grafik zeigt den Vergleich und die Entwicklung der Jahre 2016 und 2018:

---

[333] Vgl. KPMG (2019), S. 23.
[334] Vgl. KPMG (2019), S. 19.
[335] Vgl. KPMG (2019), S. 22.

Evaluierung der Ergebnisse

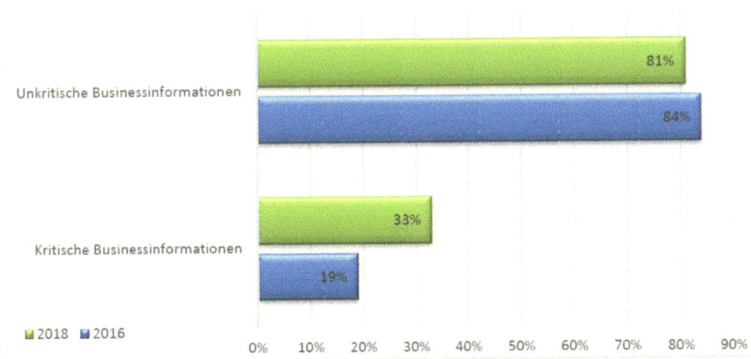

Abbildung 15: Entwicklung der Speicherung von Daten in der Cloud[336]

Nach Angaben der Cloud-Nutzer werden zu 81 % unkritische Daten und zu 33 % kritische Daten in der Cloud abgelegt. Auch anhand dieser Zahlen ist eine Skepsis gegenüber der Cloud feststellbar. Allerdings erfolgte in den letzten zwei Jahren ein deutlicher Anstieg von Speicherung kritischer Informationen. Die Skepsis und Sorge um Verlust der alleinigen Datenherrschaft ist demnach weiterhin vorhanden, was einen nennenswerten Nachteil für das Cloud Computing darstellt, aber die Tendenz zeigt, dass die Skepsis abnimmt.

Das Risiko, welches durch die (Nicht-) Ausübung der Betroffenenrechte nach DSGVO vorliegen kann, ist schwierig zu beurteilen, da die Studie nicht auf die Betroffenenrechte eingeht. Die Klärung und Ausübung der Betroffenenrechte sind allerdings unabdingbar für die Umsetzung der DSGVO. Daher lässt sich auch hier das Must-have-Kriterium der DSGVO-Konformität als Anforderung darauf beziehen. Durch die Einhaltung der DSGVO ist die Ausübung der Betroffenenrechte sichergestellt, daher wird dieses aus der Literatur erarbeitete Risiko durch die Studie nicht bestätigt.

Analog zur Ausübung der Betroffenenrechte verhält es sich mit der Argumentation im Zusammenhang mit der Haftung bei DSGVO-Verstößen durch den CSP. Hier ist jedoch eine Einschränkung vorzunehmen, weshalb dieses Risiko nicht vollständig entkräftet werden kann: Zwar kann sich der Cloud-Nutzer absichern und nach bestem Wissen und Gewissen einen CSP aussuchen, final haftet er dennoch bei einem möglicherweise unbeabsichtigten Verstoß durch den CSP. Dieser As-

---

[336] Eigene Darstellung in Anlehnung an Vgl. KPMG (2019), S. 18.

pekt wird in der gesamten Studie nicht direkt berücksichtigt, er könnte jedoch aus den Hürden für Unternehmen ohne Cloud Computing interpretiert werden. Die drittgrößte Hürde stellen Unklarheiten bzgl. der Rechtslage dar, womit auch die Haftungsrisiken gemeint sein könnten.[337] Aus den Antworten der Cloud-Nutzer ist jedoch eine Evaluierung nicht möglich, daher bleibt aus Sicht des Autors das Risiko bestehen.

Das Risiko, dass durch die Mehrmandantenfähigkeit die Berechtigungszuordnung schwierig zu gestalten ist, muss im Zusammenhang mit der Studie zusammengefügt beantwortet werden. Die Unternehmen, welche keine Cloud nutzen geben als wichtigste Hürde an, dass unberechtigter Zugriff auf sensible Unternehmensdaten erfolgen kann,[338] was dieses Risiko bestätigen würde. In den Auswahlkriterien wird jedoch der Aspekt „mögliche Datenverschlüsselung durch Cloud-Nutzer" mit 74 % Must-have-Anteil und 25 % Nice-to-have-Anteil angegeben. Eine solche Datenverschlüsselung dient dazu, dass unberechtigter Zugriff verhindert wird, was dieses Risiko deutlich reduziert. Auch die Aussage, dass die organisatorische Flexibilität im Cloud Computing zugenommen habe, was 54 % der Cloud-Nutzer bestätigen,[339] deutet auf eine Vereinfachung der Berechtigungszuordnung hin, die Teil der Aufbauorganisation ist. Demnach ist aus Sicht des Autors dieses Risiko als sehr gering einzustufen.

Der Datendiebstahl durch offene Schnittstellen wurde in Kapitel 5.3 auf zwei Weisen betrachtet: Auf der einen Seite können offene Schnittstellen durch die Flexibilität und der Lockerung der Sicherheitsvorgaben das Risiko des Datendiebstahls erhöhen. Auf der anderen Seite wurde argumentiert, dass Clouds ein attraktiveres Ziel für Datendiebstahl darstellen, da dort meist mehrere Unternehmen vertreten sind. Insbesondere das Argument der Attraktivität ist durch die Studie zu widerlegen. Bei der Frage, ob es in den Unternehmen zu Sicherheitsvorfällen kam, haben 69 % der befragten Unternehmen bestätigt, dass es einen Zugriff oder mindestens einen Verdacht dazu gab, dass ein solcher Vorfall im unternehmenseigenen IT-System vorlag.[340] Dies ist eine deutlich höhere Zahl, als bei der gleichen Frage im Kontext des Cloud Computings. Bei diesem Systemmodell haben 43 %

---

[337] Vgl. KPMG (2019), S. 15.
[338] Vgl. ebd.
[339] Vgl. KPMG (2019), S. 14.
[340] Vgl. KPMG (2019), S. 24.

der Nutzer einen Vorfall bzw. einen Verdacht dazu gehabt. Das erste Argument ist ebenfalls durch die Frage nach den tatsächlichen Auswirkungen des Cloud Computings für das Unternehmen zu widerlegen. Hierbei antworteten 54 % der Nutzer, dass die Datensicherheit zugenommen habe. Auch die Fehlfunktionen durch falsch konfigurierte Schnittstellen können durch die Studie nicht bestätigt werden. Gemäß der Aussagen ist der IT-Administrationsaufwand deutlich gesunken, was darauf hindeutet, dass die Schnittstellen und sonstige IT-Administration beim Cloud Computing weniger Fehlerquellen zulässt. In der gleichen Frage sieht allerdings ein nahezu gleicher Prozentsatz eine Zunahme zu.[341] Ebenfalls in diesem Zusammenhang gab es Schwierigkeiten bei der Integration des Cloud Computings in die bestehende Systemlandschaft und bei der Anpassung der internen IT und der Cloud-Lösung.[342] Zusammenfassend kann festgehalten werden, dass die Datensicherheit im Kontext der Attraktivität für Angriffsziele sowie das Empfinden der Datensicherheit zugenommen hat. Das Risiko kann allerdings nicht vollständig verworfen werden, da durch den höheren Administrationsaufwands sowie der Anpassungsschwierigkeiten an das eigene IT-System hohe Fehlerquellen ermöglicht werden, was ein Risiko darstellt.

Das Risiko der Interessenkonflikte im Unternehmen wird durch die Studie weder bestätigt noch widerlegt, dadurch ist eine Evaluierung dieses Risikos im Kontext der Studie nicht möglich. Es bleibt das Risiko aufgrund der Literaturanalyse bestehen.

---

[341] Vgl. KPMG (2019), S. 14.
[342] Vgl. KPMG (2019), S. 22.

6.3 Zusammenfassung der Erkenntnisse im Kontext des SbC

Die nachfolgende Tabelle zeigt zusammenfassend die Chancen, Vorteile, Nachteile und Risiken des SbC:

Server based Computing	
Chancen und Vorteile	**Risiken und Nachteile**
• physischer Datendiebstahl kann gut bewacht werden • DSGVO definiert klare TOMs beim SbC • kein Vendor Lock-in und kein Know-how-Verlust in diesem Kontext • Datenherrschaft bleibt im Unternehmen, bewusste Falschhandlung jedoch möglich • Ausübung der Betroffenenrechte leichter umzusetzen • Einhaltung der IT-Schutzziele im Machtbereich des Unternehmens • Speicherort der Daten bekannt und beeinflussbar • Datendiebstahl durch gesicherte Verbindung unwahrscheinlicher/ lediglich Visualisierung des Servers	• Flexibilität • Qualität und Quantität der IT-Infrastruktur schlechter als beim Cloud Computing • Softwareverwaltung • Vollständige Haftung beim Unternehmen • Datenverlust wahrscheinlicher als beim Cloud Computing • Ausfallsicherheit muss selbst geschützt werden • meist schlechter geschultes Personal im Bereich ISMS, da weniger Ressourcen

Tabelle 3: Vergleich der Chancen und Risiken im Server based Computing [343]

Das SbC wurde, wie zuvor beschrieben, bei der Studie weitgehend außer Acht gelassen, weshalb anhand der Studie nur wenige neue Erkenntnisse hervorgebracht werden und die Chancen und Risiken hauptsächlich auf Basis der durch die Literatur gewonnenen Informationen herausgearbeitet wurden. Eine Erkenntnis ist, dass Sicherheitsvorfälle bei den eigenen IT-Systemen öfter eintreten, als beim Cloud Computing. Dies widerlegt die im Kapitel 5.3 herausgefundene These von Vossen et. al., dass Cloud Computing ein attraktiveres häufigeres Ziel von Attacken darstelle. Vorteile, die nach Evaluierung der Studie gegenüber dem Cloud Computing übrig bleiben sind:

---

[343] Eigene zusammenfassende Darstellung des Kapitels 5.3.

- physischer Datendiebstahl kann gut bewacht werden
- kein Vendor Lock-in und kein Know-how-Verlust in diesem Kontext
- Datenherrschaft bleibt im Unternehmen

Bei den zuvor genannten Vorteilen handelt es sich aus Sicht des Autors um klare Vorteile gegenüber des Cloud Computings. Die Argumente für die Entscheidung resultieren aus den Ergebnissen des Kapitels 5.3

- Ausübung der Betroffenenrechte leichter umzusetzen
- Einhaltung der IT-Schutzziele im Machtbereich des Unternehmens

Dem Vorteil der Ausübung der Betroffenenrechte steht beim Cloud Computing das Bestreben der DSGVO-Konformität gegenüber. Dass die Einhaltung der IT-Schutzziele im Machtbereich des Unternehmens liegt hat auf der einen Seite den Vorteil, dass proaktiv die IT-Schutzziele gesichert werden können und im Falle einer drohenden Verfehlung der Ziele schnell reagiert werden kann. Auf der anderen Seite ist dies ressourcenaufwändig, was durch Auslagerung auf die Cloud an den CSP übertragen werden kann. Zwar entbindet die Auslagerung das Unternehmen nicht, diese Auslagerungen in das eigene ISMS mit integrieren zu müssen, aber der Gesamtaufwand ist geringer. Beim Cloud Computing hat der Nutzer zwar kaum Möglichkeiten Einfluss in der Erreichung der IT-Schutzziele zu nehmen, jedoch kann er bei der Auswahl der CSP Zertifikate und die Transparenz der Sicherheitsarchitektur prüfen, wodurch eine Bewertung dessen möglich ist. Sollte es dann zu Verfehlungen kommen, können Vertragsinhalte geltend gemacht werden. Daher handelt es sich bei den zuvor genannten Punkten aus Sicht des Autors um minimale Vorteile.

- Speicherort der Daten bekannt und beeinflussbar
- Datendiebstahl durch gesicherte Verbindung unwahrscheinlicher/ lediglich Visualisierung des Servers

Der Vorteil, dass der Speicherort bekannt ist, existiert durch die DSGVO gegenüber des Cloud Computings nicht mehr, da dieser dem Cloud-Nutzer immer bekannt sein muss. Dass der Datendiebstahl durch die gesicherte Verbindung bzw. durch die Visualisierung des Servers einen Vorteil erzielen soll, kann durch die Studie ebenfalls nicht bestätigt werden. Dem Vorteil stehen die vermehrten Angriffe auf die unternehmenseigenen IT-Systeme sowie die Aussage der Cloud-Nutzer gegenüber, dass 54 % eine Zunahme der Datensicherheit empfinden. Demnach ist hier weder ein Vorteil noch ein Nachteil zu erkennen.

Die folgenden Nachteile gegenüber des Cloud Computings wurden durch die Studie bestätigt, die Argumente können dem Kapitel 6.2 entnommen werden:

- Geringere Flexibilität
- Datenverlust wahrscheinlicher als beim Cloud Computing
- Ausfallsicherheit muss selbst geschützt werden

Die nachfolgenden durch die Literatur erarbeiteten Nachteile wurden in der Studie nicht bearbeitet und waren nicht ableitbar, weshalb diese als Nachteile bestehen bleiben:

- Vollständige Haftung beim Unternehmen
- Qualität und Quantität der IT-Infrastruktur schlechter als beim Cloud Computing
- Softwareverwaltung
- meist schlechter geschultes Personal im Bereich ISMS, da weniger Ressourcen

Aus Sicht des Autors handelt es sich hierbei zwar um Nachteile, jedoch muss festgehalten werden, dass dies Parameter sind, welche aktiv durch das betreibende Unternehmen beeinflusst werden können und daher eine Merkmals-Ausprägung unterschiedlich ausfallen kann. Es wird angenommen, dass je mehr Ressourcen das betreibende Unternehmen aufwendet, desto höher ist das Niveau der genannten Bereiche. Durch die Variable der Ressourcen kann daher nicht genau gesagt werden, wie gravierend der Nachteil gegenüber dem Cloud Computing ausfällt.

7 Schlussbetrachtung

In der Schlussbetrachtung werden zunächst im Fazit, die Ergebnisse der Arbeit zusammengefasst. Dies betrifft insbesondere eine Auswertung der ermittelten Chancen und Risiken des Cloud Computings sowie des SbC sowie die Empfehlung des Autors zu den beiden Systemmodellen. Im Anschluss findet eine kritische Reflektion der Arbeit statt bei welcher die Methodik sowie die Studie hinterfragt werden. Final wird ein Ausblick formuliert, wie eine Ideallösung möglicherweise aussehen könnte.

7.1 Fazit

Der größte Vorteil ist aus Sicht des Autors die Flexibilität und damit einhergehend die Skalierbarkeit des Cloud Computings gegenüber des SbC. Die Möglichkeit des Cloud Computings, Infrastruktur, technische Plattform sowie Software darstellen zu können, macht dies aus wirtschaftlicher Sicht zu einem sehr interessanten IT-Produkt, da es die „All-in-one"-Lösung oder Teile dessen, je nach Wunsch des Cloud-Nutzers, darstellen kann und man als Unternehmen Ressourcen bei der Auswahl, Beschaffung und Wartung sparen kann. Es können kurzzeitige Lastspitzen kurzfristig und unkompliziert überbrückt werden ohne dass zusätzliche Hardware beschafft werden muss, wodurch zum einen die eigenen IT-Kosten gesenkt werden und zum anderen das IT-Schutzziel der Verfügbarkeit sichergestellt ist. Die Flexibilität und Skalierbarkeit des Cloud Computings lässt sich auf weitere IT-Ressourcen übertragen. Diese Vorteile sind auch gemäß der Studie für Cloud-Nutzer die größten Auswirkungen im Unternehmen.

Betrachtet man die Informationssicherheit und den Datenschutz beim Cloud Computing lässt sich feststellen, dass es viele Vorteile gibt. Ein großer Vorteil ist, dass aufgrund der rechtlich verpflichtenden Redundanzen sowie einer möglichen Multi-Provider-Strategie die Ausfallsicherheit gestärkt werden kann, was ebenfalls das IT-Schutzziel der Verfügbarkeit stärkt. Die Mandantenfähigkeit sowie die Berechtigungssteuerung unterstützen die Erreichung anderer IT-Schutzziele, was das Ziel der Informationssicherheit ist. Sollte es zu Vorfällen kommen, können durch Log-Files Verfehlungen festgestellt und behoben werden. Ein weiteres Indiz für Vorteile in der Informationssicherheit sind die Aussagen der Cloud-Nutzer, dass Cloud Computing die Datensicherheit im Unternehmen gestärkt hat. Mit der Aussage lassen sich die Hürden und Bedenken der Unternehmen ohne Cloud, welche im Rahmen der Studie befragt wurden, relativieren. Weitere Vorteile sind die aus der Literaturanalyse herausgearbeiteten Tatsachen, dass aufgrund einiger

Backups ein Datenverlust unwahrscheinlicher ist als beim SbC, das Personal des CSP im Bereich der Informationssicherheit i.d.R. geschulter sind und die Qualität, Quantität und Aktualität der Infrastruktur im Normalfall größer ist, als bei einem unternehmenseigenen Rechenzentrum. Diese Aspekte sorgen für eine Steigerung im Bereich der Informationssicherheit.

Auch im Datenschutz gibt es durch Einführung der DSGVO Vorteile. Die DSGVO sorgt für eine Steigerung der Transparenz bei der Verarbeitung der Daten. Der Cloud-Nutzer hat in der Rolle des Verantwortlichen durch die DSGVO mehr Rechte und Möglichkeiten zur Mitbestimmung und zur Mitsprache gegenüber des CSP. Er weiß jederzeit wo die Daten der Betroffenen verarbeitet werden und hat durch objektive Zertifizierungen und Einräumung von Prüfrechten die Möglichkeit, die ordnungsgemäße Verarbeitung/Speicherung der Daten durch den CSP zu prüfen. Die Rechte sind jedoch auch notwendig, da er im Falle eines Verstoßes haftet und einen Datenschutzvorfall bestmöglich vorbeugen sollte.

Allerdings hat das Cloud Computing auch Nachteile. Der aus Sicht des Autors größte Nachteil ist die Abhängigkeit vom CSP. Der Vendor Lock-in ist weitreichend: Angefangen vom Festhalten der Daten durch den CSP aufgrund der Herausgabe durch den Cloud-Nutzer, über Interoperabilitätsproblemen intern/extern bis hin zu zur Bereitstellung der Infrastruktur. In allen an den CSP ausgelagerten Bereichen existiert eine Abhängigkeit vom CSP, welche Risiken mit sich birgt, die im Rahmen der Arbeit bereits ermittelt wurden. Die Cloud-Nutzer haben zwar Möglichkeiten, diese Abhängigkeit zu reduzieren und anhand der Studie wurden einige Pflichtkriterien bei der CSP-Auswahl in diesem Zusammenhang ermittelt, aber ein nicht unerhebliches Restrisiko bleibt dabei bestehen. Ein Indiz dafür gibt die Reaktion auf technische Probleme seitens des CSP, bei welchen kaum Konsequenzen durch den Cloud-Nutzer gezogen wurden.

Auch das Risiko der vollständigen Datenherrschaft ist erhöht. Dies wird aus der Literaturanalyse sowie aus den Sicherheitshürden aus Abbildung 13 ersichtlich. Eine weitere Bestätigung ist der Abbildung 15 zu entnehmen, welche zeigt, dass überwiegend unkritische Informationen an den CSP ausgelagert werden. Dies lässt den Autor auf eine Skepsis der Cloud-Nutzer schließen obwohl eine Tendenz zur Zunahme der Auslagerung kritischer Businessinformationen zu erkennen ist.

Beim SbC liegt weder ein Vendor Lock-in noch ein Know-how-Verlust vor, da die Datenherrschaft vollständig im unternehmenseigenen Rechenzentrum verbleibt. Diese Fakten beschreiben einen großen Vorteil gegenüber dem Cloud Computing.

Auch die Ausübung der Betroffenenrechte und die Einhaltung der IT-Schutzziele sind, mit Einschränkungen (Kapitel 6.3), Vorteile des SbC. Nachteile sind die geringere Flexibilität, da u. a. Ressourcen für Lastspitzen nicht immer kurzfristig implementiert werden können. Die Ressourcen müssen für eventuelle Lastspitzen vorbereitet sein. Das bedeutet im Umkehrschluss, dass oftmals zu viele unbenutzte Ressourcen vorliegen, die unnötige Kosten verursachen. Auch der Datenverlust, der nach Auswertung der Studie wahrscheinlicher ist sowie die Ausfallsicherheit sind Nachteile des SbC verglichen mit dem Cloud Computing. Unter Beachtung der in Kapitel 6.3 aufgeführten Aspekte muss beim SbC festgehalten werden, dass die Themen Informationssicherheit und Datenschutz sehr durch das betreibende Unternehmen beeinflussbar sind. Je mehr Ressourcen für diese Themen aufgebracht werden können und durch die Unternehmen gewollt sind, desto sicherer ist das SbC. Die Umsetzung und die Höhe des Niveaus im Datenschutz und in der Informationssicherheit liegt vollständig in der Hand des betreibenden Unternehmens, welches damit das Niveau des Datenschutzes sowie der Informationssicherheit selbst bestimmen/beeinflussen kann. Das Erreichen eines bestimmten Niveaus kostet sehr viele Ressourcen, welche je nach Unternehmensart und Größe unterschiedlich ausfallen.

Unter vollständiger Beachtung und bei einer angenommenen Erreichung von 100 % Schutzniveau ist aus Sicht des Autors das SbC das sicherere Systemmodell. Die Entscheidung wird damit begründet, dass keine Abhängigkeit zum CSP besteht, demnach kein Vendor Lock-in oder ähnliches vorliegt und zum anderen weil die absolute Datenherrschaft im Unternehmen bleibt und das Risiko der Herausgabe von Daten damit entfallen würde. Dennoch ist die Nutzung der Cloud eine gute und durchaus sinnvolle Alternative zum SbC. Ein Indiz dafür sind die steigenden Nutzerzahlen sowie die Ergebnisse der Studie, insb. die Befragung der Nutzer gibt einen positiven Eindruck zum Cloud Computing. Letztlich muss jedes Unternehmen eine Risikobewertung für die Systemmodelle durchführen, bei der die Eintrittswahrscheinlichkeit und die mögliche Schadenshöhe von Risiken verglichen werden. Wenn das Risiko der Auslagerung an einen CSP wirtschaftlich für das Unternehmen tragbar ist, ist eine Auslagerung erstrebenswert.

7.2 Kritische Reflektion der Arbeit

Das methodische Vorgehen für diese Arbeit ist sinnvoll hergeleitet worden. Der Aufbau der Arbeit ist schlüssig und folgt einer klaren Linie: Sie beginnt mit einer Einleitung, welche die Problematik darstellt. Anschließend werden die wesentlichen Begriffe der Arbeit definiert, bevor die Systemmodelle im dritten Kapitel und vierten Kapitel detailliert analysiert wurden. Infolge der Analyse der Systemmodelle wurden die rechtlichen Aspekte der Systemmodelle betrachtet. Die Ergebnisse der Informationen zu den Systemmodellen sowie der rechtlichen Informationen, welche durch die Literatur und den gesetzlichen Vorgaben hergeleitet wurden, sind vor Analyse der Studie im Kapitel 5.3 verarbeitet und gegenübergestellt worden. Nach Evaluierung der Studie wurden diese Ergebnisse mit der Studie verglichen. Übersichtshalber, wurden diese Ergebnisse zusammengefasst, um eine sinnvolle Struktur in der Gegenüberstellung der Theorie (Literaturanalyse) und Praxis (KPMG-Studie) zu erhalten. Das daraus resultierende Fazit wurde unter Berücksichtigung der Gegebenheiten erstellt.

Die Themenfelder wurden detailliert analysiert, rechtliche Aspekte wurden aufgrund des Umfangs und der Struktur geclustert und begründet. Es wurde das BSI als Hauptinstanz in Deutschland für die Berücksichtigung der Mindestanforderungen der Informationssicherheit plausibel ausgewählt. Analog verhält es sich beim Datenschutz, zu welchem die DSGVO zählt, die als maßgebende gesetzliche Regelung in Deutschland und der EU gilt.

Es wurde, soweit möglich, der Fokus auf die Themenfelder der Arbeit gelegt. Gegen Ende wurden auch kurz wirtschaftliche Aspekte mit hinzugezogen, welche allerdings in direktem Kontext der Themenfelder lagen. Die Nutzung der Studie der KPMG war für die Thesis sinnvoll, wenn auch das SbC nicht bzw. kaum berücksichtigt wurde. Weitere Detaillierungen der Studie wären im Rahmen dieser Arbeit wünschenswert gewesen, hätten jedoch aus Sicht des Autors keine wesentlichen neuen Erkenntnisse hervorgebracht. Sie hätten lediglich offene/unberücksichtigte Risiken möglicherweise klären können. Eine Umfrage wie die Studie der KPMG zum SbC liegt nicht vor, jedoch würde sich eine eigene Umfrage vermutlich als schwierig erweisen, aufgrund des deutlich kleineren Netzwerks des Autors verglichen mit der Bitkom, die diese Studie durchgeführt hat. Daher gäbe es vermutlich eine zu geringe und nicht repräsentative Rücklaufquote.

Die Literaturrecherche gestaltete sich, insb. bei der Analyse der Systemmodelle im Bereich des Datenschutzes, als schwierig. Dies liegt vermutlich daran, dass die verpflichtende Umsetzung der DSGVO erst seit Mai 2018 gilt und aufgrund der Aktualität dieser Gesetzgebung noch nicht viel Fachliteratur vorliegt. In dem Monat endete die von der EU gewährte Übergangsfrist zur Umsetzung. Die Literatur zum SbC gestaltete sich ebenfalls als sehr wenig. Der Großteil aktueller Literatur hat den Fokus eher auf das Cloud Computing, welches aus Sicht einiger Autoren als die Zukunft der Informationstechnologie gilt. Die für den Autor sinnvollste Quelle war die Dissertation von Christian Stingl, welche jedoch bereits 2006 erschien. Dennoch sind die dort verfassten Informationen weiterhin gültig. Aufgrund des Mangels an Literatur insbesondere für das SbC, war die Analyse und insbesondere die Evaluierung in Kapitel 6 überwiegend mit dem Fokus auf das Cloud Computing gerichtet. Daraus ableitend wurde die Evaluierung des SbC vorgenommen, jedoch nur mit wenig Möglichkeiten, diese fundiert zu belegen.

Die Bezeichnung des Modells „Server based Computing" gestaltete sich als schwierig. Die aus Sicht des Autors alternative Begrifflichkeit für das Thema der Thesis hätte „Cloud Computing vs. eigenes Rechenzentrum – Eine Analyse aus Sicht der Informationssicherheit und des Datenschutzes" lauten sollen. Dies wurde im Laufe der Thesis jedoch auch erwähnt und begründet. Ebenfalls hätte man, im Nachgang betrachtet, den Fokus auf eins der beiden Themen, also entweder Informationssicherheit oder Datenschutz, legen sollen, da beide Themen sich zwar nicht gegenseitig ausschließen, aber in der Gesamtheit her sehr umfangreich sind.

7.3 Ausblick

Die letzten Jahre deuten auf einen weiteren Anstieg des Cloud Computings hin, was anhand der KPMG-Studie belegt wurde. Die rechtlichen Anforderungen an die IT werden immer weiter verschärft und auch der Datenschutz wird immer komplexer. Das bedeutet für Unternehmen mit eigenem Rechenzentrum, dass immer mehr Ressourcen in diese Thematik investiert werden müssen. Eine gute Option kann das Cloud Computing darstellen.

Das Kerngeschäft des CSP ist die Bereitstellung von IT-Ressourcen und die damit einhergehende Informationssicherheit und der Datenschutz, welche für CSP verpflichtend sind. Daher kann es zukünftig wirtschaftlich sinnvoll sein, dass immer mehr Unternehmen ihre IT weitgehend in die Cloud auslagern. Da auch die CSP von steigenden rechtlichen Anforderungen betroffen sein werden, ist die Wahrscheinlichkeit, dass das Cloud Computing sicherer wird hoch. Aktuell bestehen, wie aus dieser Thesis ersichtlich, noch Risiken, welche jedes Unternehmen individuell für sich prüfen muss. Jedes Unternehmen hat eine andere Priorisierung und Wichtigkeit in den Daten und jedes Unternehmen bewertet dieses Risiko anders. Daher ist eine Risikoanalyse unabdingbar für eine weitere Prüfung der Auslagerung. Eine detaillierte Risikoanalyse inkl. der Ermittlung der finanziellen Auswirkungen als Praxisbeispiel könnte eine gute Möglichkeit sein, dieses Thema wissenschaftlich weiter zu vertiefen. Aufgrund der Sensibilität dieser Informationen sowie des vollständigen Ausmaßes der Risikoanalyse ist der Umfang der Arbeit für eine solche Analyse jedoch nicht angemessen.

Bedners Meinung ist, dass Cloud als eine zusätzliche Option angesehen werden sollte, damit der Nutzer frei entscheiden kann, ob er diese Option nutzen möchte oder nicht.[344] Dieser Meinung schließt sich der Autor dieser Thesis an. Insbesondere durch die hohe Flexibilität, sehr kurzfristig IT-Ressourcen beziehen zu können, ist es sinnvoll, diese Option zu haben.

Die Möglichkeit eine hybride Systemlandschaft oder eine Hybrid Cloud zu implementieren und damit ein „best-of-both"-Prinzip zu erzielen kann eine gute Lösung sein. Die Charakteristika dazu wurden in Kapitel 3.3.3 erläutert. Jedoch muss beachtet werden, dass man zwar von allen Vorteilen der beiden Systemmodelle profitieren und die Risiken weiter reduzieren kann, jedoch ist dies auch eine wirtschaftliche Herausforderung, beide Systemmodelle in Betrieb zu haben. Deshalb ist diese Lösung aus Sicht des Autors eher für große Unternehmen mit entsprechend möglichen Ressourcen denkbar. Eine Idee ist es, den Regelbetrieb über die eigene IT-Infrastruktur darzustellen und die Cloud lediglich für eventuelle Lastspitzen kurzfristig zu beziehen. Dies hätte den Vorteil, dass kein IT-Schutzziel verfehlt wird, der Geschäftsbetrieb reibungslos fortgeführt werden könnte und die IT-Kosten weiterhin vollständig transparent und überschaubar bleiben würden. Zeitgleich entgeht man mit dieser Möglichkeit den Risiken des Cloud Computings, wenn man hochkritische Businessinformationen auf der eigenen IT-Infrastruktur behalten würde. Dafür müsste eine entsprechend verpflichtende Policy in den jeweiligen Unternehmen implementiert werden, denn letztlich ist der Mensch, siehe Kapitel 5.1.2, als Nutzer ebenfalls ein großes Risiko bei der Einhaltung der Informationssicherheit und des Datenschutzes.

---

[344] Vgl. Bedner, M. (2013), S. 101 f.

Literaturverzeichnis

Abts, Dietmar (2015), Masterkurs Client/ Server-Programmierung mit Java – Anwendungen entwickeln mit Standard-Technologien, Springer Fachmedien, Wiesbaden

Adelmeyer, Michael; Petrick, Christoph; Teuteberg, Frank (2018), IT-Risikomanagement von Cloud-Services in Kritischen Infrastrukturen, Springer Fachmedien Wiesbaden GmbH, Wiesbaden

Barton, Thomas; Erdlenbruch, Burkhard; Herrmann, Frank; Müller, Christian; Schuler, Joachim (2012), Management und IT, Verlag News & Media, Berlin

Baun, Christian; Kunze, Marcel; Nimis, Jens; Tai, Stefan (2011), Cloud Computing: Web-basierte dynamische IT-Services, Springer-Verlag Berlin Heidelberg, Heidelberg

Bedner, Mark (2013), Cloud Computing: Technik, Sicherheit und rechtliche Gestaltung, Kassel University Press GmbH, Kassel

Bengel, Günther (2014) Grundkurs Verteilte Systeme - Grundlagen und Praxis des Client-Server und Distributed Computing, Springer Fachmedien, Wiesbaden

Bengel, Günther; Baun, Christian; Kunze, Marcel; Stucky, Karl-Uwe (2015), - Masterkurs Parallele und Verteile Systeme – Grundlagen und Programmierung von Multicore-Prozessoren, Multiprozessoren, Cluster, Grid und Cloud, Springer Fachmedien, Wiesbaden

Blokland, Kees; Mengerink, Jeroen; Pol, Martin; Rubruck, Doris (2016), Cloud-Services testen: Von der Risikobetrachtung zu wirksamen Testmaßnahmen, dpunkt.verlag GmbH, Heidelberg

Brauer, Johannes (2014), Grundkurs Smalltalk - Objektorientierung von Anfang an - Eine Einführung in die Programmierung, Springer Fachmedien, Wiesbaden

Bräuninger, Michael; Haucap, Justus; Stepping, Katharina; Stühmeier, Torben (2012), Cloud Computing als Instrument für effiziente IT-Lösungen, HWWI policy paper, No. 71, Hamburgisches WeltWirtschaftsInstitut (HWWI), Hamburg

Brenner, Michael; Felde, Nils; Hommel, Wolfgang; Metzger, Stefan; Reiser, Helmut; Schaaf, Thomas (2011), Praxisbuch ISO/IEC 27001: Management der Informationssicherheit und Vorbereitung auf die Zertifizierung, Carl Hanser Verlag GmbH & Co. KG, München

BSI Bundesamt für Sicherheit in der Informationstechnik (2012a), BSI- Eckpunktpapier - Sicherheitsempfehlungen für Cloud Computing Anbieter - Mindestanforderungen in der Informationssicherheit. Druckpartner Moser Druck + Verlag GmbH, Rheinbach

Bundesamt für Sicherheit in der Informationstechnik BSI (2012b), Leitfaden Informationssicherheit – IT-Grundschutz kompakt, Druckpartner Moser Druck + Verlag GmbH, Rheinbach

Bundesamt für Sicherheit in der Informationstechnik BSI (2017), Mindeststandard des BSI zur Nutzung externer Cloud-Dienste nach § 8 Absatz 1 Satz 1 BSIG – Version 1.0 vom 24.04.2017, ohne Verlag, Bonn

Cattini, Roland; Kammermann, Markus; Zaugg, Michael (2016), CompTIA Server+: Serversysteme einrichten und betreiben; Vorbereitung für die Prüfung SKO-004, mitp Verlags GmbH & Co. KG, Frechen

Chantelau, Klaus; Brothuhn, René (2010), Multimediale Client-Server-Systeme, Springer-Verlag Berlin Heidelberg, Heidelberg

Christmann, Stefan; Hagenhoff, Svenja (2010), Softwarebasierte Lösungsansätze für mobilitätsbedingte Herausforderungen im mobilen Internet, Arbeitsbericht des Instituts für Wirtschaftsinformatik Professur für Anwendungssysteme und E-Business Georg-August-Universität Göttingen, Göttingen

Clausen, Jens (2010), Optionen des ressourceneffizienten Computereinsatzes in kleinen Dienstleistungsunternehmen Fallstudie im Rahmen des „Roadmapping-Projektes „Thin Client & Server Based Computing: Entwicklung von Leitmärkten für ressourceneffiziente IKT-Nutzung", Borderstep Institut für Innovation und Nachhaltigkeit gemeinnützige GmbH, Berlin

Clausen, Jens (2013), Mini PCs und Thin Clients als zukünftige stationäre Endgeräte des Cloud Computing - Entwicklungspotenziale und Handlungsoptionen, Borderstep Institut für Innovation und Nachhaltigkeit gemeinnützige GmbH, Berlin

Deters, Heike; Eckert, Tilmann (2017) Praxiswissen Compliance: Erfolgreiche Umsetzung im Unternehmen, Haufe – Lexware GmbH & Co. KG, Freiburg

Franke, Marc Roman (2017), Dynamic Capabilities und Wettbewerbsfähigkeit durch Cloud Computing - IT-Wertbeitrag bei zunehmender IT-Industrialisierung, Springer Fachmedien, Wiesbaden

Gellert, Raphaël (2017), Understanding the notion of risk in the General Data Protection Regulation, Original Research Article in: Computer Law & Security Review, Corrected Proof, Elsevier Ltd., Vereinigtes Königreich

Göbel, Christian (2014), IT Client Architekturkonzepte im Vergleich: Was Sie bei der Auswahl Ihrer Client Architektur bedenken sollten, Diplomica Verlag GmbH, Hamburg

Gogarn, Jörg (2015), Compliance – Unternehmenssteuerung – Band 3, BoD – Books on Demand, Norderstedt

Grünendahl, Ralf-Torsten, Steinbacher, Andreas F., Will, Peter H.L. (2017), Das ITGesetz: Compliance in der IT-Sicherheit – Leitfaden für ein Regelwerk zur IT-Sicherheit im Unternehmen, Vieweg + Teubner Verlag | Springer Fachmedien, Wiesbaden

Harich, Thomas W. (2018) IT-Sicherheitsmanagement: Praxiswissen für IT Security Manager, mitp Verlags GmbH & Co. KG, Frechen

Hilber, Marc (2014), Handbuch Cloud Computing, Verlag Dr. Otto Schmidt, Köln

Hofmann, Jürgen; Schmidt, Werner (2010), Masterkurs IT-Management: Grundlagen, Umsetzung und erfolgreiche Praxis für Studenten und Praktiker, Vieweg + Teubner Verlag | Springer Fachmedien, Wiesbaden

Jaekel, Michael; Bronnert, Karsten (2013), Die digitale Evolution moderner Großstädte - Apps-basierte innovative Geschäftsmodelle für neue Urbanität, Springer Fachmedien, Wiesbaden

Kersten, Heinrich; Klett, Gerhard (2015), Der IT Security Manager - Aktuelles Praxiswissen für IT Security Manager und IT-Sicherheitsbeauftragte in Unternehmen und Behörden, 4. Auflage, Springer Fachmedien, Wiesbaden

Kersten, Heinrich; Klett, Gerhard; Reuter, Jürgen; Schröder, Klaus-Werner (2016), IT-Sicherheitsmanagement nach der neuen ISO 27001: ISMS, Risiken, Kennziffern, Controls, Springer Fachmedien, Wiesbaden

Knermann, Christian; Köchling, Christopher (2007), Studie: PC vs. Thin Client – Wirtschaftlichkeitsbetrachtung, Fraunhofer UMSICHT, Oberhausen

Krcmar, Helmut; Leimeister, Jan Marco; Roßnagel, Alexander; Sunyaev, Ali (2016), Cloud-Services aus der Geschäftsperspektive, Springer Fachmedien, Wiesbaden

Krcmar, Helmut; Eckert, Claudia; Roßnagel, Alexander; Sunyaev, Ali; Wiesche, Manuel (2018), Management sicherer Cloud-Services - Entwicklung und Evaluation dynamischer Zertifikate, Springer Fachmedien, Wiesbaden

Kroschwald, Steffen (2016), Informationelle Selbstbestimmung in der Cloud - Datenschutzrechtliche Bewertung und Gestaltung des Cloud Computing aus dem Blickwinkel des Mittelstands, Springer Fachmedien, Wiesbaden

Labes, Stine (2012), Grundlagen des Cloud Computing - Konzept und Bewertung von Cloud Computing, Universitätsverlag der TU Berlin, Berlin

Lampe, Frank (2010), Green-IT, Virtualisierung und Thin Clients - Mit neuen IT-Technologien Energieeffizienz erreichen, die Umwelt schonen und Kosten sparen, Vieweg+Teubner | GWV Fachverlage GmbH, Wiesbaden

Langhanke, Carmen (2018), Daten als Leistung – Eine rechtsvergleichende Untersuchung zu Deutschland, Österreich und der Schweiz, Mohr Siebeck, Tübingen

Lissen, Nina; Brünger, Christian; Damhorst, Stephan (2014), IT-Services in der Cloud und ISAE 3402 - Ein praxisorientierter Leitfaden für eine erfolgreiche Auditierung, Springer-Verlag Berlin Heidelberg

Loomans, Dirk; Matz, Manuela; Wiedemann, Michael (2014), Praxisleitfaden zur Implementierung eines Datenschutzmanagementsystems - Ein risikobasierter Ansatz für alle Unternehmensgrößen, Springer Fachmedien, Wiesbaden

Mandl, Peter (2009), Masterkurs Verteilte betriebliche Informationssysteme: Prinzipien, Architekturen und Technologien, Vieweg + Teubner Verlag | Springer Fachmedien, Wiesbaden

Mandl, Peter (2014), Grundkurs Betriebssysteme - Architekturen, Betriebsmittelverwaltung, Synchronisation, Prozesskommunikation, Springer Fachmedien Wiesbaden, Wiesbaden

Metzger, Christian; Reitz, Thorsten; Villar, Juan (2011), Cloud Computing - Chancen und Risiken aus technischer und unternehmerischer Sicht, Carl Hanser Verlag GmbH & Co. KG, München

Münzl, Gerald; Pauly, Michael; Reti, Martin (2015), Cloud Computing als neue Herausforderung für Management und IT, Springer-Verlag Berlin Heidelberg, Heidelberg

Niemann, Klaus D. (2012), Client/Server-Architektur: Organisation und Methodik der Anwendungsentwicklung, Vieweg + Teubner Verlag | Springer Fachmedien, Wiesbaden

Osterhage, Wolfgang W. (2016), Notfallmanagement in Kommunikationsnetzen, Springer Verlag, Berlin Heidelberg

Petrlic, Ronald; Sorge, Christoph (2017), Datenschutz - Einführung in technischen Datenschutz, Datenschutzrecht und angewandte Kryptographie, Springer Fachmedien, Wiesbaden

Pöllmann, Lorenz; Herrmann, Clara (2019), Der digitale Kulturbetrieb - Strategien, Handlungsfelder und Best Practices des digitalen Kulturmanagements, Springer Fachmedien, Wiesbaden

Reinheimer, Stefan (2018), Cloud Computing – Die Infrastruktur der Digitalisierung, Springer Fachmedien Wiesbaden GmbH, Wiesbaden

Roßnagel, Alexander (2017), Datenschutzaufsicht nach der EU-Datenschutz-Grundverordnung - Neue Aufgaben und Befugnisse der Aufsichtsbehörden, Springer Fachmedien, Wiesbaden

Schlegel, Helmut (2010), Steuerung der IT im Klinikmanagement - Methoden und Verfahren, Vieweg+Teubner Verlag | Springer Fachmedien, Wiesbaden

Sodtalbers, Axel; Volkmann, Christian; Heise, Andreas (2010), IT-Recht: Software-Recht, E-Commerce-Recht, Datenschutz-Recht, W3L GmbH, Herdecke

Sowa, Aleksandra (2017), Management der Informationssicherheit: Kontrolle und Optimierung, Springer Fachmedien, Wiesbaden

Stingl, Christian (2006), Realisierung einer Server Based Computing-Lösung – Eine empirische Untersuchung am Beispiel zweier Fachstudien, Inaugural-Dissertation, Universität Passau

Ten Hompel, Michael; Schmidt, Thorsten (2008), Warehouse Management: Organisation und Steuerung von Lager- und Kommissioniersystemen, Springer-Verlag Berlin Heidelberg, Heidelberg

Tiemeyer, Ernst (2011), Handbuch IT-Management – Konzepte Methoden, Lösungen und Arbeitshilfen für die Praxis, Carl Hanser Verlag München

Voigt, Paul; von dem Bussche, Axel (2018), EU-Datenschutz-Grundverordnung (DSGVO) - Praktikerhandbuch, Springer-Verlag GmbH Deutschland

Vossen, Gottfried; Haselmann, Till; Hoeren, Thomas (2012), Cloud-Computing für Unternehmen: Technische, wirtschaftliche, rechtliche und organisatorische Aspekte, dpunkt.verlag GmbH, Heidelberg

Waschke, Marvin (2012), Cloud Standards - Agreements that hold together Clouds. Apress, New York, USA

Weber, Gregor; Bodemann, Markus (2018), CSR und Nachhaltigkeitssoftware: Softwareanwendungen, Werkzeuge und Tools, Springer Gabler, Imprint der Springer-Verlag GmbH, Berlin

Witt, Bernhard Carsten (2010), Datenschutz kompakt und verständlich - Eine praxisorientierte Einführung, 2. Auflage, Vieweg+Teubner Verlag | Springer Fachmedien, Wiesbaden

Internetquellenverzeichnis

Bundesamt für Sicherheit in der Informationstechnik - IT-Grundschutz BSI-Standards
https://www.bsi.bund.de/DE/Themen/ITGrundschutz/ITGrundschutzStandards/ITGrundschutzStandards_node.html, zuletzt aufgerufen am 03.07.2019, 17:20 Uhr

Bundesamt für Sicherheit in der Informationstechnik - IT-Grundschutz 4 Glossar und Begriffsdefinitionen
https://www.bsi.bund.de/DE/Themen/ITGrundschutz/ITGrundschutzKataloge/Inhalt/Glossar/glossar_node.html, zuletzt aufgerufen am 11.03.2019, 19:03 Uhr

Bundesamt für Sicherheit in der Informationstechnik - M 2.487 Entwicklung und Erweiterung von Anwendungen
https://www.bsi.bund.de/DE/Themen/ITGrundschutz/ITGrundschutzKataloge/Inhalt/_content/m/m02/m02487.html, zuletzt aufgerufen am 24.07.2019, 21:13 Uhr

Bundesministerium des Innern, für Bau und Heimat - Datenschutz-Grundverordnung
https://www.bmi.bund.de/SharedDocs/faqs/DE/themen/it-digitalpolitik/datenschutz/datenschutzgrundvo-liste.html, zuletzt aufgerufen am 18.07.2019, 20:27 Uhr

DATACOM Buchverlag GmbH - Server-based-Computing
https://www.itwissen.info/Server-based-Computing-server-based-computing-SBC.html, zuletzt aufgerufen 21.06.2019, 20:56 Uhr

Heise Medien GmbH & Co. KG - Microsoft nennt Gründe für Cloud-Ausfälle
https://www.heise.de/newsticker/meldung/Microsoft-nennt-Gruende-fuer-Cloud-Ausfaelle-4296544.html, zuletzt aufgerufen am 03.08.2019, 22:32 Uhr.

IT-Administrator.de - Terminalserver Grundlagen, Herausgeber: Heinemann Verlag GmbH https://www.it-administrator.de/themen/server_client/grundlagen/98769.html, zuletzt aufgerufen am 18.06.2019, 16:54 Uhr

KPMG AG Wirtschaftsprüfungsgesellschaft Cloud-Monitor 2019 - Public Cloud und Cloud Security sind kein Widerspruch https://hub.kpmg.de/cloud-monitor-2019, zuletzt aufgerufen am 04.08.2019, 19:22 Uhr

Pixabay GmbH - Computernetzwerk Netzwerk Computer https://pixabay.com/de/illustrations/computernetzwerk-netzwerk-computer-1419136/ User: Deedster, zuletzt aufgerufen am 21.06.2019, 19:32 Uhr

Vogel Communications Group - Definition: On-Premises (On-Prem) Was ist On-Premises? https://www.cloudcomputing-insider.de/was-ist-on-premises-a-623402/, zuletzt aufgerufen am 24.06.2019, 21:27